プリント形式のリアル過去問で本番の臨場感！

佐賀県 龍谷高等学校

2025年春受験用

解答集

本書は，実物をなるべくそのままに，プリント形式で年度ごとに収録しています。
問題用紙を教科別に分けて使うことができるので，本番さながらの演習ができます。

■ 収録内容

・解答集（この冊子です）

書籍ＩＤ番号，この問題集の使い方，最新年度実物データ，リアル過去問の活用，
解答例と解説，ご使用にあたってのお願い・ご注意，お問い合わせ

・2024（令和６）年度 ～ 2022（令和４）年度　学力検査問題

○は収録あり	年度	'24	'23	'22		
■ 問題 前期※		○	○	○		
■ 解答用紙		○	○	○		
■ 配点						
■ 英語リスニング音声・原稿						

解答はありますが
解説はありません

※2024年度より全コース共通問題
注）国語問題文非掲載：2024年度の一，2022年度特別進学科の一と二

問題文の非掲載につきまして

著作権上の都合により，本書に収録している過去入試問題の本文の一部を掲載しておりません。ご不便をおかけし，誠に申し訳ございません。

本文の一部を掲載できなかったことによる国語の演習不足を補うため，論説文および小説文の演習問題のダウンロード付録があります。弊社ウェブサイトから書籍ＩＤ番号を入力してご利用ください。

なお，問題の量，形式，難易度などの傾向が，実際の入試問題と一致しない場合があります。

教英出版

■ 書籍ＩＤ番号

入試に役立つダウンロード付録や学校情報などを随時更新して掲載しています。
教英出版ウェブサイトの「ご購入者様のページ」画面で，書籍ＩＤ番号を入力してご利用ください。

書籍ＩＤ番号　101541

（有効期限：2025年9月30日まで）

【入試に役立つダウンロード付録】
「ラストチェックテスト(標準／ハイレベル)」
「高校合格への道」

■ この問題集の使い方

年度ごとにプリント形式で収録しています。針を外して教科ごとに分けて使用します。①片側，②中央のどちらかでとじてありますので，下図を参考に，問題用紙と解答用紙に分けて準備をしましょう（解答用紙がない場合もあります）。

針を外すときは，けがをしないように十分注意してください。また，針を外すと紛失しやすくなりますので気をつけましょう。

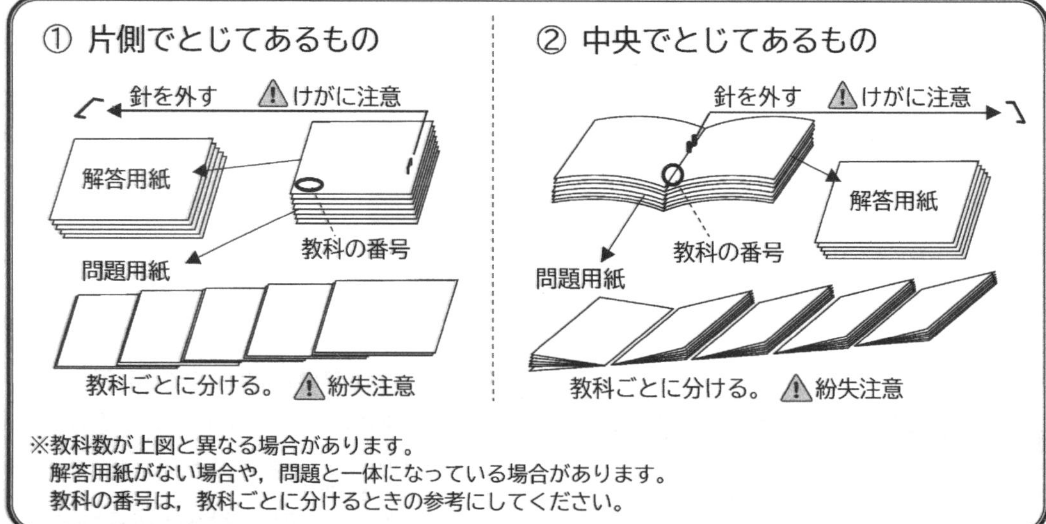

※教科数が上図と異なる場合があります。
解答用紙がない場合や，問題と一体になっている場合があります。
教科の番号は，教科ごとに分けるときの参考にしてください。

■ 最新年度 実物データ

実物をなるべくそのままに編集していますが，収録の都合上，実際の試験問題とは異なる場合があります。実物のサイズ，様式は右表で確認してください。

問題用紙	Ａ４冊子(二つ折り)
解答用紙	Ａ４片面プリント

リアル過去問の活用

～リアル過去問なら入試本番で力を発揮することができる～

本番を体験しよう！

問題用紙の形式（縦向き / 横向き），問題の配置や余白など，実物に近い紙面構成なので本番の臨場感が味わえます。まずはパラパラとめくって眺めてみてください。「これが志望校の入試問題なんだ！」と思えば入試に向けて気持ちが高まることでしょう。

入試を知ろう！

同じ教科の過去数年分の問題紙面を並べて，見比べてみましょう。

① 問題の量

毎年同じ大問数か，年によって違うのか，また全体の問題量はどのくらいか知っておきましょう。どのくらいのスピードで解けば時間内に終わるのか，大問ひとつにかけられる時間を計算してみましょう。

② 出題分野

よく出題されている分野とそうでない分野を見つけましょう。同じような問題が過去にも出題されていることに気がつくはずです。

③ 出題順序

得意な分野が毎年同じ大問番号で出題されていると分かれば，本番で取りこぼさないように先回りして解答することができるでしょう。

④ 解答方法

記述式か選択式か（マークシートか），見ておきましょう。記述式なら，単位まで書く必要があるかどうか，文字数はどのくらいかなど，細かいところまでチェックしておきましょう。計算過程を書く必要があるかどうかも重要です。

⑤ 問題の難易度

必ず正解したい基本問題，条件や指示の読み間違いといったケアレスミスに気をつけたい問題，後回しにしたほうがいい問題などをチェックしておきましょう。

問題を解こう！

志望校の入試傾向をつかんだら，問題を何度も解いていきましょう。ほかにも問題文の独特な言いまわしや，その学校独自の答え方を発見できることもあるでしょう。オリンピックや環境問題など，話題になった出来事を毎年出題する学校だと分かれば，日頃のニュースの見かたも変わってきます。

こうして志望校の入試傾向を知り対策を立てることこそが，過去問を解く最大の理由なのです。

実力を知ろう！

過去問を解くにあたって，得点はそれほど重要ではありません。大切なのは，志望校の過去問演習を通して，苦手な教科，苦手な分野を知ることです。苦手な教科，分野が分かったら，教科書や参考書に戻って重点的に学習する時間をつくりましょう。今の自分の実力を知れば，入試本番までの勉強の道すじが見えてきます。

試験に慣れよう！

入試では時間配分も重要です。本番で時間が足りなくなってあわてないように，リアル過去問で実戦演習をして，時間配分や出題パターンに慣れておきましょう。教科ごとに気持ちを切り替える練習もしておきましょう。

心を整えよう！

入試は誰でも緊張するものです。入試前日になったら，演習をやり尽くしたリアル過去問の表紙を眺めてみましょう。問題の内容を見る必要はもうありません。どんな形式だったかな？受験番号や氏名はどこに書くのかな？…ほんの少し見ておくだけでも，志望校の入試に向けて心の準備が整うことでしょう。

そして入試本番では，見慣れた問題紙面が緊張した心を落ち着かせてくれるはずです。

※まれに入試形式を変更する学校もありますが，条件はほかの受験生も同じです。心を整えてあせらずに問題に取りかかりましょう。

2024 解答例 令和6年度　龍谷高等学校

《英　語》

1　放送原稿非公表のため，解答例は掲載しておりません。

2　Question1. (1)ウ　(2)イ　(3)イ　Question2. (1)ア　(2)イ　(3)ウ　(4)ウ

3　(1)a good sleep makes me feel　(2)He is loved by a lot of people　(3)want my son to open all the　(4)you tell me where I should put

4　A．What kind of music do you like?　B．I'm going to buy things which I really need when I go shopping.

5　(1)F　(2)T　(3)F　(4)F　(5)F　(6)T

6　①イ　②オ　③エ

7　問1．ウ，カ，キ　問2．外食をする時に割り箸ではなく自分の箸を使う。／スーパーマーケットで，本当に必要な時以外はビニール袋を断る。／紙袋や使った缶をリサイクルする。　問3．地球を守るために，私たちは出来ることをすべてやらなければならない　問4．イ，オ　問5．①bad　②work　③start

《国　語》

一　問1．a．嘆　b．おちい　c．要素　d．ちゅうすう　e．じゅんかん　問2．1．エ　2．ア　3．オ　4．ウ　問3．自己の意識　問4．梅雨の頃に　問5．記憶が2つに分けられた個体では、自己の意識がどうなるのか不思議だから。　問6．ウ，エ　問7．Ⅱ　問8．イ　問9．エ

二　問1．a．留　b．隣　c．まなざ　d．いず　e．収穫　問2．猫の手　問3．Ⅰ．イ　Ⅱ．エ　問4．ウ　問5．思い出～ている　問6．ア　問7．母を助けるというのは建前だったが、今回は本気でばあちゃんを助けたいと思っている。／今回は、「絶対にやり抜く」と宣言しているつぼみがいるので、自分も後には引けない。　問8．ア

三　問1．いえども　問2．ウ　問3．ウ〔別解〕エ　問4．師を教化せむ　問5．壺屋の内に、銭三十貫を隠し納めたりけり　問6．イ

《数　学》

1　(1)1　(2)$\frac{5a+10b}{12}$　(3)1　(4)(イ)，(エ)　(5)0　(6)$(2x+y-3)(2x-y-3)$　(7)$\frac{3\pm\sqrt{3}}{2}$　(8)平均値…6　中央値…6.5　(9)55　(10)右図

2　(1)$\frac{1}{2}x$　(2)$\begin{cases} x+y+\frac{1}{2}x=10 \\ 3x+2y+1\times\frac{1}{2}x=21 \end{cases}$　(3)$x=2$　$y=7$

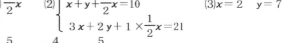

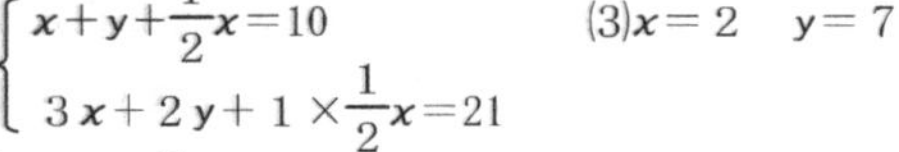

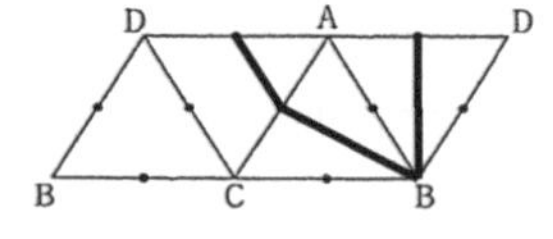

3　(1)$\frac{5}{36}$　(2)$\frac{4}{9}$　(3)$\frac{5}{18}$

4　(1)1　(2)$-x+2$　(3)x座標…$\frac{2}{5}$　面積…$\frac{12}{5}$

5　(1)1　(2)3：2：4

2023 解答例 令和5年度

龍谷高等学校

《特別進学　英語》

1 放送原稿非公表のため，解答例は掲載しておりません。

2 ［4番目／7番目］ (1)［オ／イ］　(2)［ウ／イ］　(3)［オ／エ］　(4)［エ／ク］

3 Question1…2　Question2…3　Question3…1　Question4…2　Question5…1　Question6…2

4 問1．1．イ　2．エ　3．エ　問2．イ　問3．ウ　問4．コーヒーに適した土地の半分以上は，2050年までに利用できなくなるだろう。　問5．(1)地域に生息するようになり　(2)コーヒー豆を食べるようになる　問6．エ　問7．エ

5 1，3，6，12

6 I will talk with my friends without wearing a mask.

《特別進学　国語》

一 問1．a．論外　b．至近距離　c．悲惨　d．関知　e．継続的　問2．1．エ　2．ア　3．オ　4．イ　問3．仲間と力を　問4．読んで知る本の世界　問5．ねっとりとした、のしかかるような空気　問6．エ　問7．ウ　問8．ウ

二 問1．A．ウ　B．エ　問2．Ⅰ．エ　Ⅱ．イ　Ⅲ．ア　問3．a．ウ　b．ア　c．ウ　問4．ウ　問5．自分の性別に違和感があるものの、自分でもよくわからず、なんか違うと迷っているから。　問6．イ　問7．イ

三 問1．かえりまいり　問2．①イ　②ウ　⑤ア　問3．エ　問4．御使　問5．イ　問6．天皇が時光を処罰せず、むしろ称賛したこと。　問7．ア

《特別進学　数学》

1 (1)2　(2)$\frac{3x+16y}{6}$　(3)$2+\sqrt{2}$　(4)$2(x-1)(x+3)$　(5)$\frac{3\pm\sqrt{17}}{4}$　(6)$\frac{5}{2}x^2$　(7)③　(8)3　(9)36　(10)$\frac{38}{3}\pi$

2 (1)$x^2-20x+400$　(2)7秒後，13秒後

3 (1)$\frac{1}{3}$　(2)$\frac{1}{18}$

4 (1)$-9x-10$　(2)$\frac{21}{2}$　(3)$(-\frac{8}{7},\ \frac{2}{7})$

5 (1)$\frac{12}{5}$　(2)$\frac{16}{5}$　(3)3：3：2

《文理進学・総合・保育　英語》

1 放送原稿非公表のため，解答例は掲載しておりません。

2 (1)ウ　(2)エ　(3)イ

3 (1)difficult　(2)time　(3)interested

4 ［３番目／５番目］ (1)［ウ／カ］　(2)［ア／ウ］　(3)［エ／オ］

5 (1)エ　(2)オ　(3)ア　(4)イ

6 He has been taking piano lessons for nine years.／He likes to read.／He gets up the earliest in the family.／His friends call him Nao.／He is loved by many people.／His future dream is to be a music teacher. のうち３つ

7 (1)①イ　④ウ　(2)so／that　(3)それらのほとんどは地球に到達するまでに燃えつきます。　(4)エ

8 ３，５，７

《文理進学・総合・保育　国語》

一 問１．［漢字／記号］ ①［業／イ］ ②［故／オ］　問２．①ウ　②エ　問３．①イ　②エ　問４．①差しあげる　②お召しになっている　問５．オ

二 問１．a．飛躍　b．特徴　c．傾向　d．いっけん　e．りれき　問２．(1)イ　(2)ア　問３．学習に使うデータに偏りや誤りがあると、誤った結果を導くことがあること。　問４．エ　問５．イ　問６．ア　問７．ア

三 問１．a．逃　b．さげす　c．就職　d．払　e．縮　問２．Ⅰ．ウ　Ⅱ．ア　問３．告白の端緒　問４．エ　問５．ア　問６．預金通帳に毎月お小遣いを振り込んでくれているのは、本当は今の父だということ。　問７．自分のパパになってほしい。　問８．ウ

《文理進学・総合・保育　数学》

1 (1)１　(2)$\frac{1}{6}a+\frac{3}{2}b$　(3)$-\sqrt{7}$　(4)７　(5)$700-3a=b$　(6)４　(7)$(x-10)(x+6)$　(8)$-6\pm\sqrt{5}$　(9)３　(10)50

2 (1)$\begin{cases} x+y=476 \\ -0.05x+0.01y=-10 \end{cases}$　(2)246　(3)232.3

3 (1)$\frac{5}{36}$　(2)$\frac{11}{36}$

4 (1)$\frac{1}{3}$　(2)４　(3)３

5 (1)８　(2)４：３

2022 解答例 令和４年度 ★龍谷高等学校

《特別進学科　英語》

1 リスニング問題省略

2 ［４番目／７番目／不要な記号］ (1)［オ／カ／エ］ (2)［ア／カ／エ］ (3)［コ／ケ／ウ］ (4)［ケ／ア／ク］

3 ３，６，７，10

4 問１．エ　問２．あなたが初対面の人に会ったりよく知らない人に話しかけたりするとき　問３．１．世間話　２．社外での生活　問４．(4)ウ　(5)ア　(6)イ　問５．ウ

5 問１．［Ａ群／Ｂ群］ ①［(ｂ)／(ア)］ ②［(ａ)／(エ)］ ③［(ｃ)／(イ)］ ④［(ｅ)／(ウ)］ ⑤［(ｄ)／(オ)］
問２．店内でスローテンポな曲をかけている。／店内に時計と窓を設置していない。　問３．リストを作り，それに書かれていないものを買わない。／数日間の食事の計画を立て，週に１，２回しか食品を買いに行かない。／店の中のすべてのものがおいしそうに見えるので，おなかがすいているときに買い物に行かない。

6 help your mother cook dinner

《特別進学科　国語》

一 問１．ａ．ふじょ　ｂ．転嫁　ｃ．いちじるしい　ｄ．ゆいいつ　ｅ．犠牲　問２．Ⅰ．イ　Ⅱ．文化を形成し、かつ継承する機能／人間の生命の永続という観念　問３．ア　問４．幸福の概念の曖昧さ　問５．生命そのものよりも、生命を使って生命を超える価値を生み出すことを優先する生き方。　問６．エ　問７．イ　問８．ウ

二 問１．ａ．圧倒　ｂ．気味　ｃ．無敵　ｄ．添　ｅ．じゅんかん　問２．ア　問３．淋しさと同～満ちている　問４．百　問５．さきとの生活　問６．ア　問７．ア．○　イ．○　ウ．×　エ．×

三 問１．ａ．うちいたり　ｂ．いいたり　問２．ア　問３．ウ　問４．イ　問５．ウ　問６．ア

《特別進学科　数学》

1 (1) $\frac{2}{3}$　(2) $\frac{-x+4y}{3}$　(3) $6\sqrt{5}$　(4) $(x-1)(y+1)$　(5) ０，１　(6) $-\frac{1}{4}$　(7) $3.505 \leqq a < 3.515$　(8) 24　(9) 58　(10) ５Ｓ

2 (1) 3102　(2) $-2x^2+40x+3000$　(3) 35

3 (1) 24　(2) 16　(3) $\frac{1}{4}$

4 (1) $(2t,\ 4t^2)$　(2) (１，１)　(3) $(\frac{1}{2},\ \frac{1}{4})$

5 (1) 25　(2) $5\sqrt{2}$　(3) ３：１：３

《普通科　英語》

1　リスニング問題省略

2　(1)player　(2)shorter　(3)lived〔別解〕been

3　［３番目／５番目］ (1)［オ／イ］　(2)［ウ／イ］　(3)［ア／エ］

4　(1)Please send me some pictures.　(2)Thank you for inviting me.

5　(1)ア　(2)ウ　(3)ア　(4)イ　(5)エ

6　問１．彼はテーブルに座っている幼い少女の方を向くと，彼女にカードを１枚選ぶよう頼んだ。　問２．ア　問３．８　問４．it was the first time for Lisa to see Jack　問５．(a)赤　(b)黒　(c)足

7　２，３，７

《普通科　国語》

一　問１．①集大成　②新天地　問２．①ウ　②ア　③エ　④オ　⑤イ　問３．母は外出しております　問４．ア，エ，カ，キ

二　問１．a．滞在　b．こうばい　c．膨大　d．分析　e．賢　問２．Ⅰ．エ　Ⅱ．ア　問３．１．エ　２．ア　３．オ　４．ウ　問４．顧客がその提案通りに購買するとは限らない　問５．ア　問６．私の価値観、私の世界観　問７．客体　問８．ウ　問９．エ

三　問１．a．薄　b．眺　c．椅子　d．漫画　e．蛍光灯　問２．ウ　問３．Ⅰ．エ　Ⅱ．ア　問４．イ　問５．ウ　問６．目立たない～をしてる人　問７．ア　問８．イ　問９．Ⅰ．ニキビ　Ⅱ．ウ

《普通科　数学》

1　(1)５　(2)$-5b$　(3)$4\sqrt{3}$　(4)８　(5)$\frac{20}{x}$　(6)-2　(7)$3(x-5)(x+2)$　(8)-8，７　(9)31　(10)28

2　(1)$\begin{cases} x+y+y-5=107 \\ 7(x-1)=y-1+y-6 \end{cases}$　(2)14

3　(1)$\frac{3}{5}$　(2)$\frac{3}{10}$

4　(1)１　(2)$-x+2$　(3)$(-1,\ 3)$

5　(1)60　(2)３：４

■ ご使用にあたってのお願い・ご注意

（1）問題文等の非掲載

著作権上の都合により，問題文や図表などの一部を掲載できない場合があります。
誠に申し訳ございませんが，ご了承くださいますようお願いいたします。

（2）過去問における時事性

過去問題集は，学習指導要領の改訂や社会状況の変化，新たな発見などにより，現在とは異なる表記や解説になっている場合があります。過去問の特性上，出題当時のままで出版していますので，あらかじめご了承ください。

（3）配点

学校等から配点が公表されている場合は，記載しています。公表されていない場合は，記載していません。
独自の予想配点は，出題者の意図と異なる場合があり，お客様が学習するうえで誤った判断をしてしまう恐れがあるため記載していません。

（4）無断複製等の禁止

購入された個人のお客様が，ご家庭でご自身またはご家族の学習のためにコピーをすることは可能ですが，それ以外の目的でコピー，スキャン，転載（ブログ，ＳＮＳなどでの公開を含みます）などをすることは法律により禁止されています。学校や学習塾などで，児童生徒のためにコピーをして使用することも法律により禁止されています。
ご不明な点や，違法な疑いのある行為を確認された場合は，弊社までご連絡ください。

（5）けがに注意

この問題集は針を外して使用します。針を外すときは，けがをしないように注意してください。また，表紙カバーや問題用紙の端で手指を傷つけないように十分注意してください。

（6）正誤

制作には万全を期しておりますが，万が一誤りなどがございましたら，弊社までご連絡ください。
なお，誤りが判明した場合は，弊社ウェブサイトの「ご購入者様のページ」に掲載しておりますので，そちらもご確認ください。

■ お問い合わせ

解答例，解説，印刷，製本など，問題集発行におけるすべての責任は弊社にあります。

ご不明な点がございましたら，弊社ウェブサイトの「お問い合わせ」フォームよりご連絡ください。迅速に対応いたしますが，営業日の都合で回答に数日を要する場合があります。

ご入力いただいたメールアドレス宛に自動返信メールをお送りしています。自動返信メールが届かない場合は，「よくある質問」の「メールの問い合わせに対し返信がありません。」の項目をご確認ください。

また弊社営業日（平日）は，午前９時から午後５時まで，電話でのお問い合わせも受け付けています。

2025 春

株式会社教英出版
〒422-8054　静岡県静岡市駿河区南安倍３丁目 12-28
TEL　054-288-2131　　FAX　054-288-2133
URL　https://kyoei-syuppan.net/
MAIL siteform@kyoei-syuppan.net

学校別問題集

北海道
①札幌北斗高等学校
②北星学園大学附属高等学校
③東海大学付属札幌高等学校
④立命館慶祥高等学校
⑤北海高等学校
⑥北見藤高等学校
⑦札幌光星高等学校
⑧函館ラ・サール高等学校
⑨札幌大谷高等学校
⑩北海道科学大学高等学校
⑪遺愛女子高等学校
⑫札幌龍谷学園高等学校
⑬札幌日本大学高等学校
⑭札幌第一高等学校
⑮旭川実業高等学校
⑯北海学園札幌高等学校

青森県
①八戸工業大学第二高等学校

宮城県
①聖和学園高等学校(A日程)
②聖和学園高等学校(B日程)
③東北学院高等学校(A日程)
④東北学院高等学校(B日程)
⑤仙台大学附属明成高等学校
⑥仙台城南高等学校
⑦東北学院榴ケ岡高等学校
⑧古川学園高等学校
⑨仙台育英学園高等学校(A日程)
⑩仙台育英学園高等学校(B日程)
⑪聖ウルスラ学院英智高等学校
⑫宮城学院高等学校
⑬東北生活文化大学高等学校
⑭東北高等学校
⑮常盤木学園高等学校
⑯仙台白百合学園高等学校
⑰尚絅学院高等学校(A日程)
⑱尚絅学院高等学校(B日程)

山形県
①日本大学山形高等学校
②惺山高等学校
③東北文教大学山形城北高等学校
④東海大学山形高等学校
⑤山形学院高等学校

福島県
①日本大学東北高等学校

新潟県
①中越高等学校
②新潟第一高等学校
③東京学館新潟高等学校
④日本文理高等学校
⑤新潟青陵高等学校
⑥帝京長岡高等学校
⑦北越高等学校
⑧新潟明訓高等学校

富山県
①高岡第一高等学校
②富山第一高等学校

石川県
①金沢高等学校
②金沢学院大学附属高等学校
③遊学館高等学校
④星稜高等学校
⑤鵬学園高等学校

山梨県
①駿台甲府高等学校
②山梨学院高等学校(特進)
③山梨学院高等学校(進学)
④山梨英和高等学校

岐阜県
①鶯谷高等学校
②富田高等学校
③岐阜東高等学校
④岐阜聖徳学園高等学校
⑤大垣日本大学高等学校
⑥美濃加茂高等学校
⑦済美高等学校

静岡県
①御殿場西高等学校
②知徳高等学校
③日本大学三島高等学校
④沼津中央高等学校
⑤飛龍高等学校
⑥桐陽高等学校
⑦加藤学園高等学校
⑧加藤学園暁秀高等学校
⑨誠恵高等学校
⑩星陵高等学校
⑪静岡県富士見高等学校
⑫清水国際高等学校
⑬静岡サレジオ高等学校
⑭東海大学付属静岡翔洋高等学校
⑮静岡大成高等学校
⑯静岡英和女学院高等学校
⑰城南静岡高等学校
⑱静岡女子高等学校
⑲常葉大学附属常葉高等学校
常葉大学附属橘高等学校
常葉大学附属菊川高等学校
⑳静岡北高等学校
㉑静岡学園高等学校
㉒焼津高等学校
㉓藤枝明誠高等学校
㉔静清高等学校
㉕磐田東高等学校
㉖浜松学院高等学校
㉗浜松修学舎高等学校
㉘浜松開誠館高等学校
㉙浜松学芸高等学校
㉚浜松聖星高等学校
㉛浜松日体高等学校
㉜聖隷クリストファー高等学校
㉝浜松啓陽高等学校
㉞オイスカ浜松国際高等学校

愛知県
①[国立]愛知教育大学附属高等学校
②愛知高等学校
③名古屋経済大学市邨高等学校
④名古屋経済大学高蔵高等学校
⑤名古屋大谷高等学校
⑥享栄高等学校
⑦椙山女学園高等学校
⑧大同大学大同高等学校
⑨日本福祉大学付属高等学校
⑩中京大学附属中京高等学校
⑪至学館高等学校
⑫東海高等学校
⑬名古屋たちばな高等学校
⑭東邦高等学校
⑮名古屋高等学校
⑯名古屋工業高等学校
⑰名古屋葵大学高等学校
(名古屋女子大学高等学校)
⑱中部大学第一高等学校
⑲桜花学園高等学校
⑳愛知工業大学名電高等学校
㉑愛知みずほ大学瑞穂高等学校
㉒名城大学附属高等学校
㉓修文学院高等学校
㉔愛知啓成高等学校
㉕聖カピタニオ女子高等学校
㉖滝高等学校
㉗中部大学春日丘高等学校
㉘清林館高等学校
㉙愛知黎明高等学校
㉚岡崎城西高等学校
㉛人間環境大学附属岡崎高等学校
㉜桜丘高等学校

㉝光ヶ丘女子高等学校
㉞藤ノ花女子高等学校
㉟栄徳高等学校
㊱同朋高等学校
㊲星城高等学校
㊳安城学園高等学校
㊴愛知産業大学三河高等学校
㊵大成高等学校
㊶豊田大谷高等学校
㊷東海学園高等学校
㊸名古屋国際高等学校
㊹啓明学館高等学校
㊺聖霊高等学校
㊻誠信高等学校
㊼誉高等学校
㊽杜若高等学校
㊾菊華高等学校
㊿豊川高等学校

三重県

①暁高等学校(3年制)
②暁高等学校(6年制)
③海星高等学校
④四日市メリノール学院高等学校
⑤鈴鹿高等学校
⑥高田高等学校
⑦三重高等学校
⑧皇學館高等学校
⑨伊勢学園高等学校
⑩津田学園高等学校

滋賀県

①近江高等学校

大阪府

①上宮高等学校
②大阪高等学校
③興國高等学校
④清風高等学校
⑤早稲田大阪高等学校
(早稲田摂陵高等学校)
⑥大商学園高等学校
⑦浪速高等学校
⑧大阪夕陽丘学園高等学校
⑨大阪成蹊女子高等学校
⑩四天王寺高等学校
⑪梅花高等学校
⑫追手門学院高等学校
⑬大阪学院大学高等学校
⑭大阪学芸高等学校
⑮常翔学園高等学校
⑯大阪桐蔭高等学校
⑰関西大倉高等学校
⑱近畿大学附属高等学校
⑲金光大阪高等学校
⑳星翔高等学校
㉑阪南大学高等学校
㉒箕面自由学園高等学校
㉓桃山学院高等学校
㉔関西大学北陽高等学校

兵庫県

①雲雀丘学園高等学校
②園田学園高等学校
③関西学院高等部
④灘高等学校
⑤神戸龍谷高等学校
⑥神戸第一高等学校
⑦神港学園高等学校
⑧神戸学院大学附属高等学校
⑨神戸弘陵学園高等学校
⑩彩星工科高等学校
⑪神戸野田高等学校
⑫滝川高等学校
⑬須磨学園高等学校
⑭神戸星城高等学校
⑮啓明学院高等学校
⑯神戸国際大学附属高等学校
⑰滝川第二高等学校
⑱三田松聖高等学校
⑲姫路女学院高等学校
⑳東洋大学附属姫路高等学校
㉑日ノ本学園高等学校
㉒市川高等学校
㉓近畿大学附属豊岡高等学校
㉔夙川高等学校
㉕仁川学院高等学校
㉖育英高等学校

奈良県

①西大和学園高等学校

岡山県

①[県立]岡山朝日高等学校
②清心女子高等学校
③就実高等学校
(特別進学コース〈ハイグレード・アドバンス〉)
④就実高等学校
(特別進学チャレンジコース・総合進学コース)
⑤岡山白陵高等学校
⑥山陽学園高等学校
⑦関西高等学校
⑧おかやま山陽高等学校
⑨岡山商科大学附属高等学校
⑩倉敷高等学校
⑪岡山学芸館高等学校(1期1日目)
⑫岡山学芸館高等学校(1期2日目)
⑬倉敷翠松高等学校
⑭岡山理科大学附属高等学校
⑮創志学園高等学校
⑯明誠学院高等学校
⑰岡山龍谷高等学校

広島県

①[国立]広島大学附属高等学校
②[国立]広島大学附属福山高等学校
③修道高等学校
④崇徳高等学校
⑤広島修道大学ひろしま協創高等学校
⑥比治山女子高等学校
⑦呉港高等学校
⑧清水ヶ丘高等学校
⑨盈進高等学校
⑩尾道高等学校
⑪如水館高等学校
⑫広島新庄高等学校
⑬広島文教大学附属高等学校
⑭銀河学院高等学校
⑮安田女子高等学校
⑯山陽高等学校
⑰広島工業大学高等学校
⑱広陵高等学校
⑲近畿大学附属広島高等学校福山校
⑳武田高等学校
㉑広島県瀬戸内高等学校(特別進学)
㉒広島県瀬戸内高等学校(一般)
㉓広島国際学院高等学校
㉔近畿大学附属広島高等学校東広島校
㉕広島桜が丘高等学校

山口県

①高水高等学校
②野田学園高等学校
③宇部フロンティア大学付属香川高等学校
(普通科〈特進・進学コース〉)
④宇部フロンティア大学付属香川高等学校
(生活デザイン・食物調理・保育科)
⑤宇部鴻城高等学校

徳島県

①徳島文理高等学校

香川県

①香川誠陵高等学校
②大手前高松高等学校

愛媛県

①愛光高等学校
②済美高等学校
③FC今治高等学校
④新田高等学校
⑤聖カタリナ学園高等学校

福岡県

①福岡大学附属若葉高等学校
②精華女子高等学校（専願試験）
③精華女子高等学校（前期試験）
④西南学院高等学校
⑤筑紫女学園高等学校
⑥中村学園女子高等学校（専願入試）
⑦中村学園女子高等学校（前期入試）
⑧博多女子高等学校
⑨博多高等学校
⑩東福岡高等学校
⑪福岡大学附属大濠高等学校
⑫自由ケ丘高等学校
⑬常磐高等学校
⑭東筑紫学園高等学校
⑮敬愛高等学校
⑯久留米大学附設高等学校
⑰久留米信愛高等学校
⑱福岡海星女子学院高等学校
⑲誠修高等学校
⑳筑陽学園高等学校（専願入試）
㉑筑陽学園高等学校（前期入試）
㉒真颯館高等学校
㉓筑紫台高等学校
㉔純真高等学校
㉕福岡舞鶴高等学校
㉖折尾愛真高等学校
㉗九州国際大学付属高等学校
㉘祐誠高等学校
㉙西日本短期大学附属高等学校
㉚東海大学付属福岡高等学校
㉛慶成高等学校
㉜高稜高等学校
㉝中村学園三陽高等学校
㉞柳川高等学校
㉟沖学園高等学校
㊱福岡常葉高等学校
㊲九州産業大学付属九州高等学校
㊳近畿大学附属福岡高等学校
㊴大牟田高等学校
㊵久留米学園高等学校
㊶福岡工業大学附属城東高等学校（専願入試）
㊷福岡工業大学附属城東高等学校（前期入試）
㊸八女学院高等学校
㊹星琳高等学校
㊺九州産業大学付属九州産業高等学校
㊻福岡雙葉高等学校

佐賀県

①龍谷高等学校
②佐賀学園高等学校
③佐賀女子短期大学付属佐賀女子高等学校
④弘学館高等学校
⑤東明館高等学校
⑥佐賀清和高等学校
⑦早稲田佐賀高等学校

長崎県

①海星高等学校（奨学生試験）
②海星高等学校（一般入試）
③活水高等学校
④純心女子高等学校
⑤長崎南山高等学校
⑥長崎日本大学高等学校（特別入試）
⑦長崎日本大学高等学校（一次入試）
⑧青雲高等学校
⑨向陽高等学校
⑩創成館高等学校
⑪鎮西学院高等学校

熊本県

①真和高等学校
②九州学院高等学校（奨学生・専願生）
③九州学院高等学校（一般生）
④ルーテル学院高等学校（専願入試・奨学入試）
⑤ルーテル学院高等学校（一般入試）
⑥熊本信愛女学院高等学校
⑦熊本学園大学付属高等学校（奨学生試験・専願生試験）
⑧熊本学園大学付属高等学校（一般生試験）
⑨熊本中央高等学校
⑩尚絅高等学校
⑪文徳高等学校
⑫熊本マリスト学園高等学校
⑬慶誠高等学校

大分県

①大分高等学校

宮崎県

①鵬翔高等学校
②宮崎日本大学高等学校
③宮崎学園高等学校
④日向学院高等学校
⑤宮崎第一高等学校（文理科）
⑥宮崎第一高等学校（普通科・国際マルチメディア科・電気科）

鹿児島県

①鹿児島高等学校
②鹿児島実業高等学校
③樟南高等学校
④れいめい高等学校
⑤ラ・サール高等学校

新刊
もっと過去問シリーズ

愛知県

愛知高等学校
7年分（数学・英語）

中京大学附属中京高等学校
7年分（数学・英語）

東海高等学校
7年分（数学・英語）

名古屋高等学校
7年分（数学・英語）

愛知工業大学名電高等学校
7年分（数学・英語）

名城大学附属高等学校
7年分（数学・英語）

滝高等学校
7年分（数学・英語）

※もっと過去問シリーズは入学試験の実施教科に関わらず、数学と英語のみの収録となります。

教英出版
〒422-8054
静岡県静岡市駿河区南安倍3丁目12－28
TEL 054-288-2131
FAX 054-288-2133
詳しくは教英出版で検索
教英出版　検索
URL https://kyoei-syuppan.net/

前期

令和6年度入学試験問題

（第1限）

英語

（50分）

龍谷高等学校

（注　　意）

1　「始め」の合図があるまで開いてはいけません。
2　問題は全部で7題あり，12ページまでです。
3　「始め」の合図があったら，まず解答用紙に受験番号を書きなさい。
4　すぐに「放送による聞き取りテスト」があります。放送の指示に従って答えなさい。「聞き取りテスト」が終わったら，次の問題へうつりなさい。
5　答えは，すべて解答用紙に書きなさい。
6　解答用紙の※印のところは記入しないでください。
7　印刷がはっきりしないでわからないときは，黙って手を挙げなさい。
8　「やめ」の合図で，すぐに鉛筆を置きなさい。

 Listen and answer the following questions.

問 1 ※音声と放送原稿非公表

1番

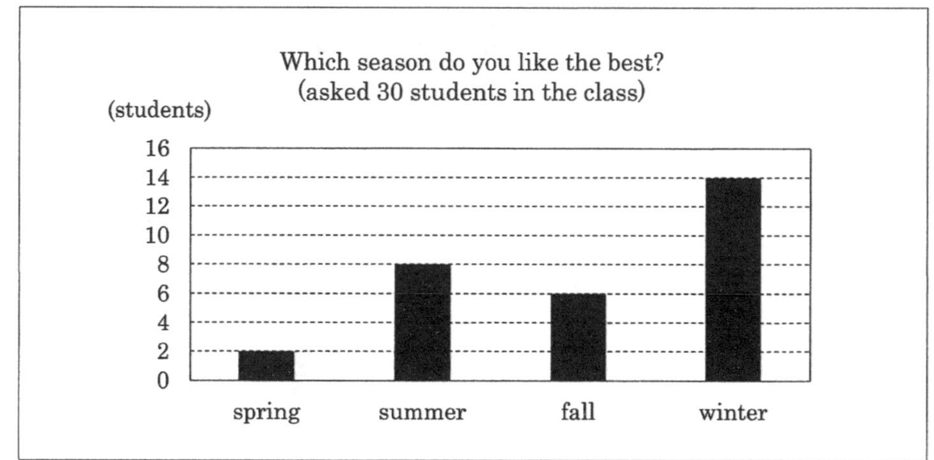

ア Yes, it is. イ Yes, it does.
ウ No, it isn't. エ No, it doesn't.

2番 Tickets for Saga Bears' soccer games in November

Date	Place	Price
November 4 (Sat.)	Yellow Stadium	4,000 yen
November 12 (Sun.)	Red Football Park	4,500 yen
November 15 (Wed.)	Purple Stadium	4,000 yen
November 23 (Thu.)	Orange Soccer Field	5,000 yen

ア At Yellow Stadium. イ At Red Football Park.
ウ At Purple Stadium. エ At Orange Soccer Field.

問2

1番

2番

3番

問3

1番　ア　No students want to study abroad.
　　　イ　A lot of money is needed to study abroad.
　　　ウ　Studying abroad is the best way to learn English.
　　　エ　They are afraid of studying abroad.

2番　ア　Two years ago.
　　　イ　Three years ago.
　　　ウ　Four years ago.
　　　エ　Thirty years ago.

3番　ア　Talking with people in Japanese.
　　　イ　Living abroad.
　　　ウ　Listening to CDs.
　　　エ　Reading books about language skills.

2 Answer Question 1 and Question 2.

Question 1

Choose the most suitable option to complete the blanks in the following conversation. Answer with a symbol.

A：I haven't seen you for a long time. (1) did we meet last time?
B：I think the last time was in March two years ago! We had to stay home because of COVID-19. How have you been?
A：I'm fine. I started learning Spanish online.
B：That's nice! Why did you start it?
A：Well, I hope I can (2) to Spain to see Gaudi's works.
B：Oh, really? I hope you can go (3) long.
A：I think I can next summer.

(1) ア Why イ Where ウ When
(2) ア play イ travel ウ exercise
(3) ア after イ before ウ in

Question 2

Choose the most suitable option for the following explanations. Answer with a symbol.

(1) a place with many books which you can read or borrow
ア library イ supermarket ウ bookstore エ theater

(2) a person that means "someone's mother or father"
ア child イ parent ウ aunt エ grandfather

(3) a word that means "to take a trip by ship or boat"
ア beach イ ocean ウ sail エ drive

(4) a person that takes care of sick or injured people
ア scientist イ clerk ウ doctor エ engineer

3

Put the words in the correct order to make sense in the conversations. The initial letters of each word are all started with small letters.

（1） A：I'm so tired that I can't study.
　　B：In my case, (me / sleep / feel / makes / good / a) better.

（2） A：Who is your favorite baseball player?
　　B：I love *Ohtani Shohei*. (people / is / he / by / of / loved / a lot) in Japan.
　　A：He is very popular in America, too.

（3） A：I (the / all / want / to / my son / open) windows.
　　B：Yeah, we can get some fresh air in and feel refreshed.

（4） A：This is my new room.
　　B：It's very nice! So, can (where / you / should / me / I / put / tell) this desk?
　　A：Next to the shelf, please.

4 Answer Question A and Question B.

Question A

次の会話を読んで、【　　】に入る適切な英文を答えなさい。ただし、5語以上の単語を使った英文1文で答えること。

Leanne : I can't wait for the Taylor Swift concert this Friday!
Seth : Oh, I've heard of her! Does she play the violin?
Leanne : No. She's a pop star.
Seth : Of course! I guess I don't listen to pop music a lot.
Leanne : Oh, really? 【　　　　　　　　　　　　　　　　】
Seth : I really like hip-hop. Drake is my favorite musician.
Leanne : Doesn't Drake play the guitar?
Seth : No. He sings and raps.
Leanne : OK. Well, I think we need to teach each other about music!

Question B

次の英語の指示に従って、自分の考えを英語で書きなさい。ただし、8語以上の単語を使った英文1文で答えること。

Think about your eating habits at home, in restaurants, and at school. Write about what you are going to do to decrease food waste in your life.

5 Look at this poster and answer the question.

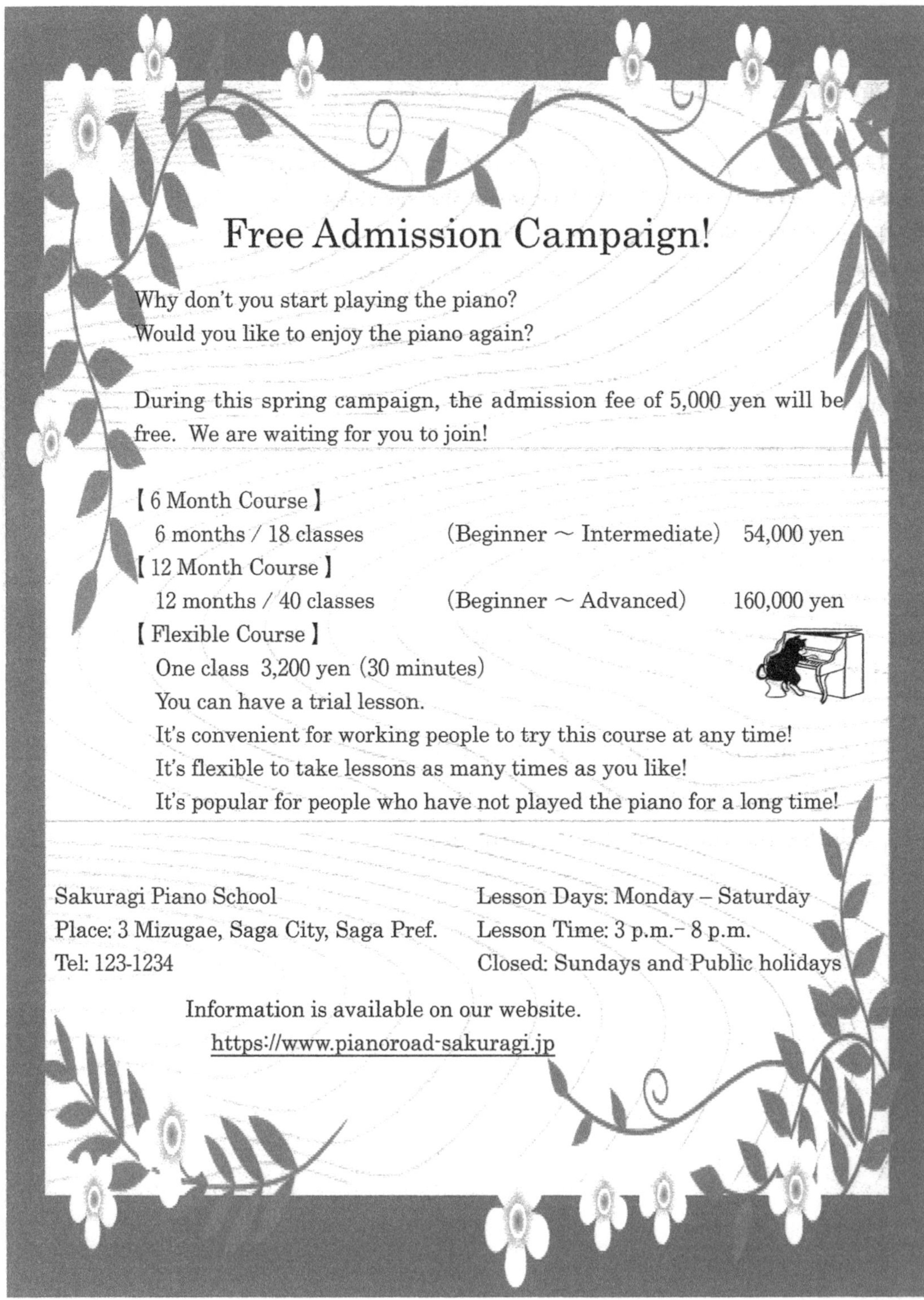

Free Admission Campaign!
Why don't you start playing the piano?
Would you like to enjoy the piano again?
During this spring campaign, the admission fee of 5,000 yen will be free. We are waiting for you to join!
【 6 Month Course 】
6 months / 18 classes (Beginner ～ Intermediate) 54,000 yen
【 12 Month Course 】
12 months / 40 classes (Beginner ～ Advanced) 160,000 yen
【 Flexible Course 】
One class 3,200 yen (30 minutes)
You can have a trial lesson.
It's convenient for working people to try this course at any time!
It's flexible to take lessons as many times as you like!
It's popular for people who have not played the piano for a long time!
Sakuragi Piano School
Place: 3 Mizugae, Saga City, Saga Pref.
Tel: 123-1234
Lesson Days: Monday – Saturday
Lesson Time: 3 p.m.– 8 p.m.
Closed: Sundays and Public holidays
Information is available on our website.
https://www.pianoroad-sakuragi.jp

Question

If the following sentence matches the explanation on the poster, answer T（True）. And if it doesn't, answer F（False）.

（1） There are two courses at this school.

（2） You don't have to pay the admission fee when you join this school this spring.

（3） You can take lessons on Sundays.

（4） 6 Month Course has twice as many classes as 12 Month Course.

（5） If you work for a company, you can't take a piano lesson at this school.

（6） Beginners, intermediate and advanced people can take a piano lesson at this school.

6 Read three e-mails and choose the most suitable subject from the following. Answer with a symbol. Do not use the same answer twice.

ア Try your best!
イ New York meeting
ウ My happy holiday
エ Don't go the wrong way!
オ What a nice present!
カ Season's greetings

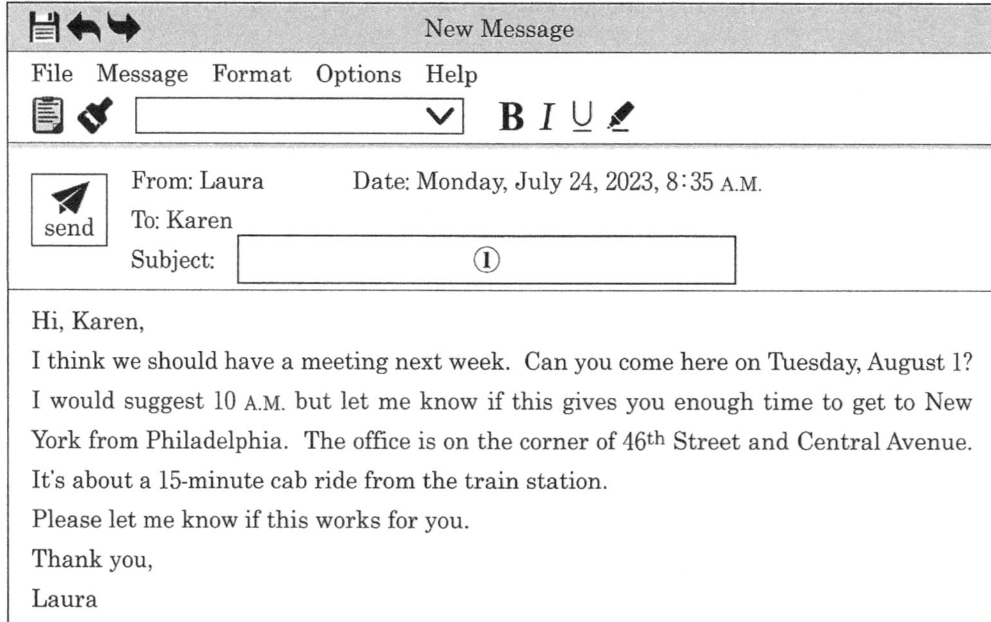
New Message

File Message Format Options Help

send

From: Laura Date: Monday, July 24, 2023, 8:35 A.M.
To: Karen
Subject: ①

Hi, Karen,
I think we should have a meeting next week. Can you come here on Tuesday, August 1? I would suggest 10 A.M. but let me know if this gives you enough time to get to New York from Philadelphia. The office is on the corner of 46th Street and Central Avenue. It's about a 15-minute cab ride from the train station.
Please let me know if this works for you.
Thank you,
Laura

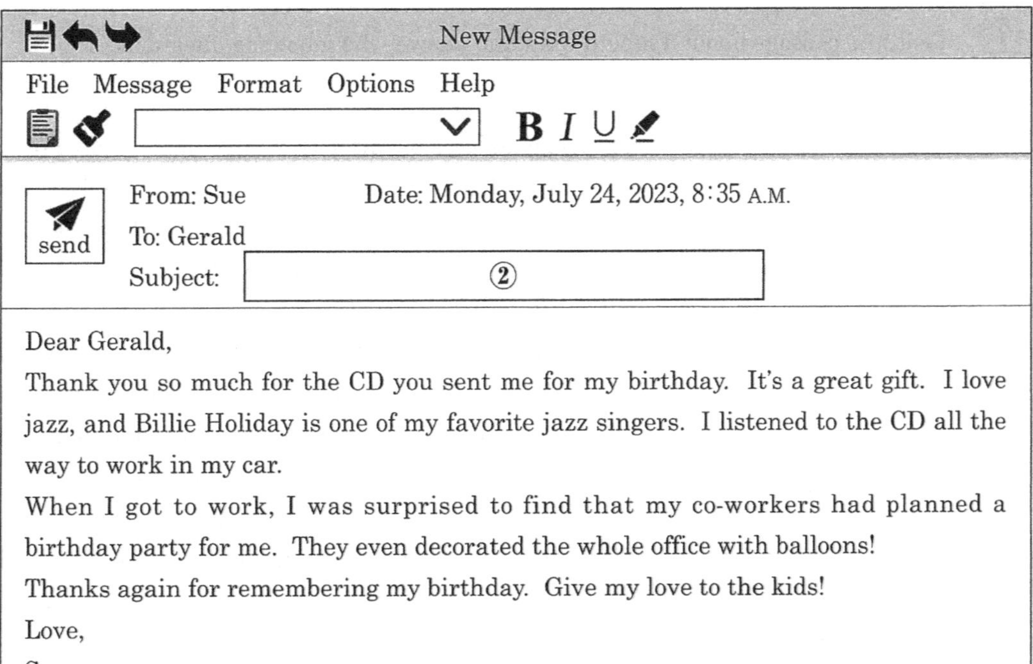

New Message

File Message Format Options Help

B I U

send

From: Sue Date: Monday, July 24, 2023, 8:35 A.M.

To: Gerald

Subject: ②

Dear Gerald,

Thank you so much for the CD you sent me for my birthday. It's a great gift. I love jazz, and Billie Holiday is one of my favorite jazz singers. I listened to the CD all the way to work in my car.

When I got to work, I was surprised to find that my co-workers had planned a birthday party for me. They even decorated the whole office with balloons!

Thanks again for remembering my birthday. Give my love to the kids!

Love,

Sue

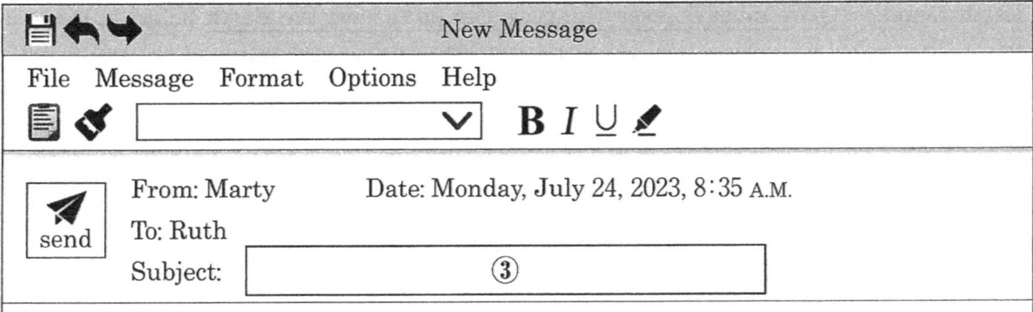

New Message

File Message Format Options Help

B I U

send

From: Marty Date: Monday, July 24, 2023, 8:35 A.M.

To: Ruth

Subject: ③

Ruth,

Here are the directions to my house. Take the Hampshire Parkway north for 5 miles. Get off at the Franklin Street exit. Turn left at the end of the ramp and get on Walnut Ave. Stay on Walnut for about 2 miles. You'll go through three traffic lights. At the fourth light, make a right onto Locust St. You'll see a gas station at the corner of Walnut and Locust. Go straight on Locust for two blocks. My house is in the middle of the second block on the right side of the street (number 542). It's a brick house with a green door.

See you around 7 tonight,

Marty

7 Read the passage about Tsubota Aika and answer the following questions.

Do you know that we need seven thousand cups of water to change one cup of *miso* soup into clean water? Do you know that out of a fifteen-year-old tree we can only get about seven hundred paper bags? Tsubota Aika thought about these things and worried about the future of the Earth. She died in 1991 when she was only twelve years old, but she left us a very important message.

Our Earth has a long history, but many people say that it is in danger now. We have polluted the air, the sea, and the land. We have killed too many kinds of animals, birds, and plants. We have cut a lot of trees. We have acid rain, population problems, and many other things to worry about. ①These are our problems, not other people's problems. ②Isn't there anything we can do to help?

There are all kinds of little things that we can do every day to save the Earth. For example, instead of using *waribashi*, we can use our own chopsticks when we eat out. That means we don't have to cut down so many trees. At supermarkets, we can say "No" to plastic bags we don't really need. Or we can recycle paper bags and used cans. If you look around yourself, you will find many things which are bad for the Earth.

One Earth. Yes, we have only one Earth. We cannot make another. We should realize how precious the Earth is. Every country in the world should work together to make the Earth cleaner. ③We must do everything we can do to save the Earth before it is too late. We should start now and never forget to keep the Earth beautiful forever.

問１ 下線部①の具体例として本文に述べられていないものを次のア～クから３つ選び、記号で答えなさい。

ア 酸性雨　　イ 土壌汚染　　ウ 有害廃棄物　　エ 大気汚染
オ 人口問題　　カ 石油の枯渇（こかつ）　　キ 海面上昇　　ク 海洋汚染

問２ 下線部②に対する答えを本文の内容から具体的に日本語で３つ答えなさい。

問３ 下線部③を日本語に直しなさい。

問4　次のア～オの中から本文の内容と一致しているものを2つ選び、記号で答えなさい。

ア　味噌汁1杯を透明な水にするには、700杯の水が必要である。
イ　成育して15年になる1本の木からとれる紙袋は、わずか700袋である。
ウ　坪田愛華（つぼたあいか）さんの生前は、環境問題は重要ではなかった。
エ　地球環境の問題は、専門家の指導がないと解決することが難しい。
オ　地球はかけがえがないので、私たちは地球の本当の価値を知るべきだ。

問5　坪田愛華（つぼたあいか）さんのメッセージをまとめたとき、次の英文の（　①　）～（　③　）に入る最も適切な語を、本文中の単語を使って英語1語で答えなさい。

The Earth is dying slowly. We have been doing many (　　①　　) things to the Earth. We should (　　②　　) together and now (　　③　　) doing everything we can do. Don't forget to keep the Earth beautiful.

前期

令和６年度入学試験問題

（第２限）

国語

（50分）

（注意）

1 「始め」の合図があるまで開いてはいけません。

2 問題は全部で３題あり、12ページまでです。

3 「始め」の合図があったら、まず解答用紙に受験番号を書きなさい。

4 答えは、すべて解答用紙に書きなさい。

5 解答用紙の※印のところは記入しないでください。

6 印刷がはっきりしないでわからないときは、黙って手を挙げなさい。

7 「やめ」の合図で、すぐに鉛筆を置きなさい。

□一

次の文章を読んで、あとの問いに答えなさい。（設問の都合上、本文の一部を中略している）

お詫び
著作権上の都合により、文章は掲載しておりません。
ご不便をおかけし、誠に申し訳ございません。
教英出版

お詫び
著作権上の都合により、文章は掲載しておりません。
ご不便をおかけし、誠に申し訳ございません。
教英出版

（宮沢　孝幸『なぜ私たちは存在するのか　ウイルスがつなぐ生物の世界』より）

※　大腸菌……環境中に広く存在している細菌。ヒトの大腸内にも生息する。
※　第6章……出典の第6章。ウイルスによる遺伝子の平行移動について記述されているが、その過程で大腸菌間におけるF因子プラスミド（DNA分子）の移動が説明されている。
※　プラナリア……扁形動物門（へんけいどうぶつもん）、渦虫綱（うずむしこう）の動物の総称。体を切断された際に、各部位がそれぞれに欠損した部位を再生することで分裂する。
※　条件付け……餌などの報酬や嫌悪刺激に適応して、自発的にある行動を行うように、学習すること。

問1　――線部a～eのカタカナは漢字に直し、漢字は読みをひらがなで書きなさい。
問2　（　1　）～（　4　）に入る言葉として最も適当なものを、次のア～オの中からそれぞれ選び、記号を書きなさい。
　ア　つまり　　イ　それとも　　ウ　では　　エ　また　　オ　しかし
問3　――線部①「『自分は存在する』という感覚」を別の言葉で表した部分を本文中より五字で抜き出して、書きなさい。
問4　――線部②「挿し木」の方法を記した一文を本文中より抜き出して、最初の五字を書きなさい。
問5　――線部③「興味深い実験があります」とあるが、筆者が「興味深い」と述べるのはなぜか。三十五字以内で書きなさい。
問6　――線部④「個というもの自体、結構曖昧（あいまい）なものであることに気がつきます」とあるが、本文中のどの例をもとに筆者はこのように述べるのか。適当なものを次のア～オの中からすべて選び、記号を書きなさい。
　ア　サツキ　　イ　大腸菌　　ウ　プラナリア　　エ　人間の受精卵　　オ　ウイルス
問7　この文章には次の一文が抜けている。本文中の〈　Ⅰ　〉～〈　Ⅳ　〉のどこに入れるのが最も適当か。ローマ数字を書きなさい。

健康な547人の体内を調べてみたら、これだけの種類のウイルスが検出されたということです。

問8 ――線部⑤「このように考えると」とあるが、どう考えるのか。最も適当なものを、次のア～エの中から選び、記号を書きなさい。

ア 人体が、さまざまなウイルスや細菌が数多く集まってできた大きな複合体であり、体内においてそれらが複雑に関連し合うことにより維持されているものであると考える。

イ 人体が、さまざまなウイルスや生命体の存在、人体の内外におけるそれらの活動や関係性のうえに成り立つものであり、他の種の存在に支えられているものであると考える。

ウ 人体が、さまざまなウイルスや生物の何重にもなる相互関係に基づいて成立するものであり、そのために自己と非自己の境界を明確に定めがたいものであると考える。

エ 人体がさまざまなウイルスや細菌が共存する場所であるために、一人の人間の体内にも個の概念を有する無数の個が存在し続けていると考える。

問9 本文の内容として適当でないものを、次のア～エの中から一つ選び、記号を書きなさい。

ア 普段私たちは「わたし」という個としての存在を当然のものとして前提化しているが、科学的事実に照らすと必ずしもそれが確かなものだとは言いきれない。

イ 健康の状態によらず、私たちの体には常にウイルスが感染しているものであり、ウイルスへの感染が直ちに人間の健康を害しているとは言えない。

ウ 人間が生きるためには、人とかかわりあうことが当然必要となるが、それ以前に動植物や無機物のような多様な他者が存在していることが不可欠である。

エ 私たち人間は他者との関係性の中でしか生きられないため、多様な他者が存在する環境が未来においても持続するように、力を尽くさねばならない。

二 次の文章を読んで、あとの問いに答えなさい。

高校時代のいじめ被害からひきこもりになった麻生人生(あそうじんせい)は、両親の離婚を機にしばらく疎遠になっていた祖母を頼って蓼科(たてしな)へ向かい、そこでしばらく暮らすことになった。祖母の家には父の再婚相手の娘である「つぼみ」が同居している。昔ながらの方法で苦労して米作りをし、大事に田んぼを守ってきた祖母であったが、少しずつ認知症が進行していた。

毎年、※畦塗り(あぜぬ)の季節になると、近所の若い衆※——といっても四十代、五十代——が集まってきて、今年もまたやるのかい、しょうがないなあ、と言いながら手を貸してくれる。田植えも、刈り入れも、彼らの手助けなしにはとてもできない。

彼らは皆、それぞれに仕事があり、田植えや刈り入れの時期は、まさしく［X］も借りたいほど多忙を極める。それなのに、ばあちゃんのことを気にトめて(a)、きつい作業につきあってくれるのだ。

「ほんとうにありがたいと思っているの。それなのに、私、その人たちの誰ひとり……誰が誰なんだか、よくわからないのよ」

※見守ってくれた夫や息子がいなくなってしまったのもさびしい。けれど、それと同じくらい悲しいのは、そんなにしてまで手伝ってくれている人たちのことを、ばあちゃんは認識できないのだ。

自分が今年も米作りをすると言えば、きっと彼らはまた手伝ってくれるに違いない。

そしてばあちゃんは、そんな人々の顔も名前もわからないまま、彼らの好意に甘えなければならない。それが何より心苦しい。

人さまのお世話になるのに、それじゃあんまり失礼だし、きっとその人たちもこんな自分に呆れてしまうと思う。だから、そうなるまえに、今年の米作りはあきらめたほうがいい。

①それがばあちゃんの結論だった。

人生は、少なからず驚いた。

ばあちゃんが、毎日会う相手であっても忘れてしまうことに、人生はもはや慣れつつあったが、ばあちゃん自身はそのことを気に病んでいるのだ。

誰も彼も忘れてしまう病気。ばあちゃんは、自分でそうわかっている。ただ漫然と(I)忘れてしまったわけではないのだ。

そう気づいたとき、人生は、②ばあちゃんの孤独を初めて理解した。

知らない人に囲まれて不安だろう。そして、知らない人たちに親切にされることはばあちゃんにとってただただ心苦しいことなのだろう。

覚えているのは、もうこの世にいない人ばかり。

ばあちゃんは、思い出の中に、ひとりぼっちで閉じこめられてしまっているのだ。

「ばあちゃん。おれ……」

呼びかけながら、人生は、思わず正座した。そして心の中に封印していた言葉を口にした。

「おれがいるよ。……おれが、手伝うよ」

ばあちゃんは一瞬、息を止めて人生に目を向けた。

が、ばあちゃんよりも早く反応したのは、トナリ(b)で膝(ひざ)を抱えていたつぼみだった。

「ちょっとお。手伝うって最初に言ったのあたしなんだけど」

早速つっかかってきた。こういう場合、もちろん受けて立つのが、最近の人生だった。

「別にいいだろ、人手は多い方がいいんだから。そっちも手伝えばいいじゃん」

「だからあ、そういうときは『おれが』じゃなくて、『おれも』でしょ。『おれも一緒に手伝う』って言いなよ」

「いちいちうっせえな」

「そっちこそ」

ふたりがにぎやかに言い合う様子をみつめて、ばあちゃんは「あらあら、また始まったわね」と楽しげに言った。

「この調子じゃ、相当にぎやかな米作りになりそうね」

人生とつぼみ、ふたりは同時にばあちゃんを見た。が、人生が何か言うより先に、つぼみが、「いいの？」と訊(き)いた。

「いいの、おばあちゃん？　あたしたち、手伝わせてもらえるの？」

ばあちゃんは深い眼差し(c)でふたりをじっとみつめた。そして、しみじみとした声で「ありがとう」と言った。

そう礼を述べてから、「でもね……」と言いかけた。その途端、「言うな」と人生がさえぎった。

③「『でも』って言うなよ、ばあちゃん。おれたち、その先は聞かないから」

でも大変よとか、でもきっと無理よとか、ばあちゃんは言うつもりなんだ。そんな言葉は聞きたくない。

人生の中で、やってみたいという気持ちがふつふつと湧き上がっていた。

何がなんでも、手伝いたい。自分の手で、作ってみたい。ばあちゃんの宝物の田んぼ、米作りを。

「おれたち、もう決めたから。ばあちゃんがどう言おうと、手伝うよ」

きっぱりと言った。

トナリのつぼみは目を丸くして人生を見つめていたが、やがてばあちゃんのほうへ向き直ると、居住まい(d)を正した。そして、やはりはっきりと言った。

「おばあちゃん、あたしたち、あきらめません。最後まで、絶対にやり抜きます。だから、手伝わせて。お願いします」

おかっぱ頭を揺らして、つぼみが頭を下げた。人生もそれにつられて不器用にお辞儀をした。

ふたりに頭を下げられて、「あら、あら」とばあちゃんは、困ったような笑顔になった。そしてもう一度、ありがとう、とつぶやいた。

人生とつぼみ、ふたりのあまりの熱心さに、ついにばあちゃんが折れた。

ばあちゃんは、たったひとつだけ米作りを手伝うための条件を出した。

それは、「途中であきらめず、最後までやり抜くこと」。

もともと自分から「あきらめずにやり抜く」と宣言したつぼみは、一も二もなく(Ⅱ)承知した。もちろん、人生も。

始まる前にわざわざ条件提示をしてくるくらいなのだ、さぞかしきつい作業に違いない。けれど、こうなったら、絶対にやり抜くしかない。人生は、そう決意した。

考えてみると、こんなふうに意識的に決意したのは、生まれて初めてのことだった。

高校を途中で中退して働き始めるときには、母を助けるという建前があった。けれどそれはあくまでも建前で、とにかく陰湿ないじめから逃れたい、というのが本音だった。絶対に働き抜くという決意があったわけじゃない。

④あのときにくらべると、今回は、絶対に途中で放棄しないというはっきりとした決心がある。そして、それには、ふたつの理由があった。

ひとつは、本気でばあちゃんを助けたいと思っていること。そしてもうひとつは、つぼみが「絶対にやり抜く」と宣言している手前、自分も後には引けないこと。

もしつぼみが「米作りなんて興味ない」とそっぽを向いたら、たとえばあちゃんを助けたくても、自分も言い出すことをためらったかもしれなかった。

世の中の二十歳そこそこの女子に、はたしてこんなふうに強い意志を持った子が普通にいるのかどうか、ほかの女子を知らない人生にはわからなかった。

どこからどう見ても高校生以上には見えない女の子。つややかなおかっぱ頭と、まるで化粧っ気のない顔。口が悪くて、人生につっかかってばかり。じろりとにらむ目には、なかなかの迫力がある。

それでも、ばあちゃんのことになると、どこまでもまっすぐなのだ。
あたし、自分の手で苗を植えて、稲を刈って、[e]シュウカクしたお米で、自分でご飯を炊きたいな。
きっと、そうするよ。おばあちゃん。
新しい目標を得て、つぼみは、なんだか急にきらきらと輝いて見えた。その様子が、人生にはたまらなくまぶしかった。
まだなにも始まっていないのに、⑤すでにつぼみよりも一歩も二歩も出遅れた気がしてきた。
なにもわからなくて、ばあちゃんにかえって迷惑をかけないだろうか。それに、自分は仕事もしている。米作りと清掃の仕事、はたして両立ができるだろうか。
清掃先の青峰寮には、兼業農家をやっているという田端さんがいる。けれど、介護士の仕事が大変すぎて、結局いまは農作業のほとんどを奥さんに任せていると言っていた。確かに介護士と米作り、どちらも体力勝負の大変な仕事に違いない。
自分も、仕事が終わるとくたくたになる。その上に米作りなんてしたら、相当きつい。
心配はあるものの、人生は、ばあちゃんとつぼみの前で「やる」と言い切った以上、絶対にやり抜くしかないと思い直した。

（原田　マハ『生きるぼくら』徳間書店より）

※　畦塗り……田んぼを取り囲んでいる土の壁に田んぼの土を塗りつけて、割れ目や穴をふさぎ防水加工をすること。
※　若い衆……若い者たち。
※　見守ってくれた夫や息子がいなくなってしまった……祖母は何年も前に夫を亡くし、さらに去年息子（「人生」の父であり「つぼみ」の義父）を亡くしている。

問1　――線部a～eのカタカナは漢字に直し、漢字は読みをひらがなで書きなさい。

問2　［X］に言葉を当てはめて、慣用句を完成させなさい。

問3　――線部Ⅰ「漫然と」、Ⅱ「一も二もなく」の意味として最も適当なものを、次のア～エの中からそれぞれ選び、記号を書きなさい。

Ⅰ「漫然と」
ア　ゆっくりと
イ　ぼんやりと
ウ　にわかに
エ　思いがけずに

Ⅱ「一も二もなく」
ア　不本意ながら
イ　いやおうなしに
ウ　打つ手もなく
エ　異論なく

問4　――線部①「それがばあちゃんの結論だった」とあるが、その説明として最も適当なものを、次のア〜エの中から選び、記号を書きなさい。

ア　認知症で人の顔や名前がわからなくなったことを近所の人たちが知れば、もうこれ以上は農作業の手伝いもお願いしにくくなるであろうから、今年の米作りはあきらめざるを得ないと考えている。

イ　それぞれが多忙を極めるなか、自分のためにきつい農作業を手伝ってくれた近所の人たちに対し、ずっと申し訳なさを感じてきたため、認知症になったことを機に米作りをやめようとしている。

ウ　きつい農作業を手伝ってくれる近所の人たちに心から感謝しているが、彼らのことを認識できなくなってしまったことを気に病み、これ以上彼らの好意に甘えるのは失礼だと、今年の米作りをあきらめようとしている。

エ　夫や息子を失い、さらにこれまで手助けしてくれた近所の人たちのことまで認識できなくなった今、これ以上米作りを続けることはかえって自分の心を苦しめることになると悟っている。

問5　――線部②「ばあちゃんの孤独」とあるが、それを比喩的に表現した部分を本文中より三十字以内で抜き出して、初めと終わりの三字を書きなさい。

問6　――線部③「『でも』って言うなよ、ばあちゃん。おれたち、その先は聞かないから」とあるが、この時の「人生」について説明したものとして最も適当なものを、次のア〜エの中から選び、記号を書きなさい。

ア　「ばあちゃん」のやり方で行う米作りがどんなに過酷なものであったとしても、「ばあちゃん」の宝物の田んぼを自分の手で守りたいという込み上げる思いを、打ち消されたくないと思っている。

イ　自分と「つぼみ」の言い合いを見て、「ばあちゃん」は自分たちには過酷な米作りは到底無理だと思っていると感じ、自分たちでも米作りができることを証明したいと意地になっている。

ウ　米作りをあきらめかけている「ばあちゃん」に、あえてきつい言い方をすることで、自分たちと一緒ならもう一度米作りができるかもしれないという希望を持たせようとしている。

エ　「ばあちゃん」の米作りを手伝いたいと思い切って口にしたのに、「つぼみ」がつっかかってきたために話をさえぎられ、いらだちを隠せず、つい「ばあちゃん」に八つ当たりしている。

問7　――線部④「あのときにくらべると、今回は、絶対に途中で放棄しないというはっきりとした決心がある」とあるが、「あのとき」をふまえて「今回」の「決心」がどのようなものか、二つの観点でそれぞれ四十字以内で説明しなさい。

問8　――線部⑤「すでにつぼみよりも一歩も二歩も出遅れた気がしてきた」とあるが、「人生」がそのように思うのはなぜか。その説明として最も適当なものを、次のア～エの中から選び、記号を書きなさい。

ア　米作りを手伝う決心をしたものの、米作りについて何もわからないうえ、清掃の仕事との両立ができるのか不安を感じている自分とは違い、「つぼみ」は米作りに対する目標が明確で、やり抜くという意志に迷いがないから。

イ　「つぼみ」への対抗心から米作りを手伝う決意をしたが、仕事との両立や重労働に耐えられるのか不安を感じている自分と比べて、「ばあちゃん」を助けることだけに夢中になれる「つぼみ」に劣等感を抱いているから。

ウ　「人生」はあくまでも自分が中心となって「ばあちゃん」の米作りを引き継ぎたかったが、「つぼみ」も自分と同じくらい米作りへの思いが強いことを知り、これからは「つぼみ」を中心に米作りをしようと考えたから。

エ　口やかましく気が強い「つぼみ」を日頃から苦々しく思っていた「人生」であったが、「ばあちゃん」のことになるとまっすぐで思いやりのある言動をする彼女に対し、淡い恋心が芽生え始めているから。

三　次の文章を読んで、あとの問いに答えなさい。

今は昔、奈良に馬庭の山寺といふ所あり。その山寺に一人の僧住みけり。年ごろ、その所に住みて①ねんごろに勤め行ふといへども、智(さと)り無きが故に邪見(愚かでよこしまな心)の心深くして、人に物を惜しみて与ふる事無かりけり。

かくて年ごろを経るに、僧すでに老いに臨みて、身に病を受けて、つひに命終はらむとする時に、弟子を呼びて、告げていはく、②「われ死にて後、三年に至らむまで、この坊の戸を開く事無かれ」と言ひて、即ち死す。

その後、弟子、師の遺言のごとく坊の戸を開く事無くして、見るに、※七七日を経て、大きなる毒蛇有りて、その坊の戸にわだかまれり。弟子これを見て、怖じ恐れて③思はく、この毒蛇を必ず我が師の邪見によりて、成り給へるなりけり。師の遺言有りて、三年は坊の戸を開くべからずといへども、師を※教化せむと思ふに、たちまちに坊の戸を開きて見れば、※壺屋の内に、銭三十貫を隠し納めたりけり。弟子これを見て、その銭を以つて、たちまちに大寺に持て行きて、誦経に行ひて、④師の罪報を訪ふ。まことに、「師の、銭を貪りてこれを惜しむによりて、毒蛇の身を受けて、かへりてその銭を守るなりけり」と知りぬ。これによりて、「三年坊の戸を開くべからず」とは遺言しけるなりけり。

これを思ふに、極めて愚かなる事なり。「生きたりし時、銭を『惜し』と思ふといへども、その銭を以つて、三宝を供養し、功徳を修したらば、当に毒蛇の身を受けむや」と⑤語りけるとなむ語り伝へたるとや。

（『今昔物語』より）

※　七七日……中陰。人が死んでから四十九日目。

※　教化……教え導くこと。

※　壺屋……物置や納戸にあたる部屋。

問1 ～～～線部「いへども」を現代仮名遣いで書きなさい。

問2 ――線部①「ねんごろに」の意味として最も適当なものを、次のア～エの中から選び、記号を書きなさい。

ア 仕方なさそうに　イ 寝たり起きたりして　ウ 一生懸命熱心に　エ 不謹慎な態度で

問3 ――線部②「われ死にて後、三年に至らむまで、この坊の戸を開く事無かれ」と僧が言ったのはなぜか。その理由として最も適当なものを、次のア～エの中から選び、記号を書きなさい。

ア 毒蛇が坊の中にある銭を狙っていることがわかったから。

イ 弟子たちに、自分の死後の法要を三年後にしてもらいたかったから。

ウ 自分の死後であっても、貯めた銭を奪われたくないと思っていたから。

エ せめて死後三年間は、弟子たちに銭を取られたくないと思ったから。

問4 ――線部③「思はく」の終わりはどこか。本文中より終わりの六字を抜き出して、書きなさい。

問5 ――線部④「師の罪報」を端的に表している部分を、これより前の本文中より二十字以内で抜き出して、書きなさい。

問6 ――線部⑤「語りける」とあるが、その内容の要約として最も適当なものを、次のア～エの中から選び、記号を書きなさい。

ア 生きていた時に貯めた銭を残したまま死んだら、蛇に生まれ変わるだろうということ。

イ 生きていた時に貯めた銭を仏道のために用いたなら、蛇にはならなかっただろうということ。

ウ 生きていた時に貯めた銭を人のために使ったとしても、蛇の身になるだろうということ。

エ 生きていた時に貯めた銭に固執する者は、どんなに徳を積んでも蛇になるだろうということ。

2024(R6) 龍谷高
K 教英出版

前期

令和6年度入学試験問題

（第3限）

数学

（50分）

（注意）

1 「始め」の合図があるまで開いてはいけません。

2 問題は全部で5題あり，4ページまでです。

3 「始め」の合図があったら，まず解答用紙に受験番号を書きなさい。

4 答えは，すべて解答用紙に書きなさい。

5 解答用紙の※印のところは記入しないでください。

6 印刷がはっきりしないでわからないときは，黙って手を挙げなさい。

7 「やめ」の合図で，すぐに鉛筆を置きなさい。

1 次の(1)～(10)の各問いに答えなさい。

(1) $4\times(-2)-3\div\left(-\frac{1}{3}\right)$ を計算しなさい。

(2) $\frac{2a+b}{3}-\frac{a-2b}{4}$ を計算しなさい。

(3) $x=2-\sqrt{3}$ のとき，x^2-4x+2 の値を求めなさい。

(4) 下の（ア）～（エ）の中で y が x に反比例するものをすべて選びなさい。

（ア） 長さ 100 cm のひもから x cm 切り取ったときの残りの長さは y cm である。

（イ） 時速 x km で y 時間走ると 10 km 進む。

（ウ） 半径 x cm の円周の長さは y cm である。

（エ） 縦の長さ x cm，横の長さ y cm の長方形の面積は 100 cm^2 である。

(5) $2\sqrt{5}+\sqrt{45}-\sqrt{125}$ を計算しなさい。

(6) $4x^2-12x+9-y^2$ を因数分解しなさい。

(7) 方程式 $2x^2-6x+3=0$ を解きなさい。

(8) 下の表は，ある生徒が1年間で借りた本の冊数である。生徒が借りた本の冊数の平均値と中央値をそれぞれ求めなさい。

月	1	2	3	4	5	6	7	8	9	10	11	12
冊	4	5	7	10	8	6	8	2	5	9	1	7

(9) 右の図において，$\angle x$ の大きさを求めなさい。

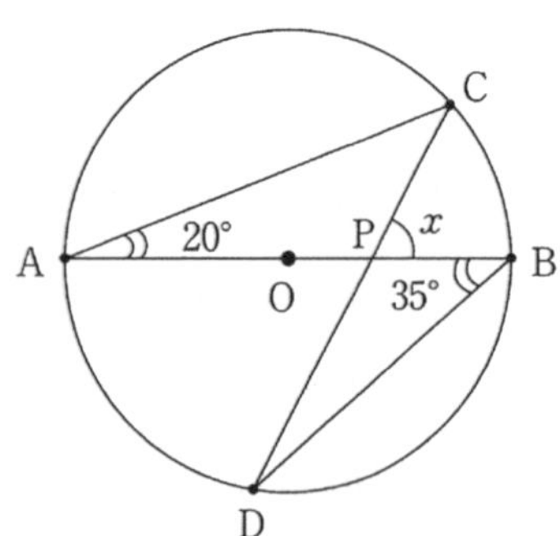

(10) 下の図は，正四面体 ABCD とその展開図である。正四面体の辺 AC，AD の中点と頂点 B を通る平面で切ったとき，切り口の図形の線を展開図に書き入れなさい。展開図の辺上の 9 個の点は各辺の中点を示している。

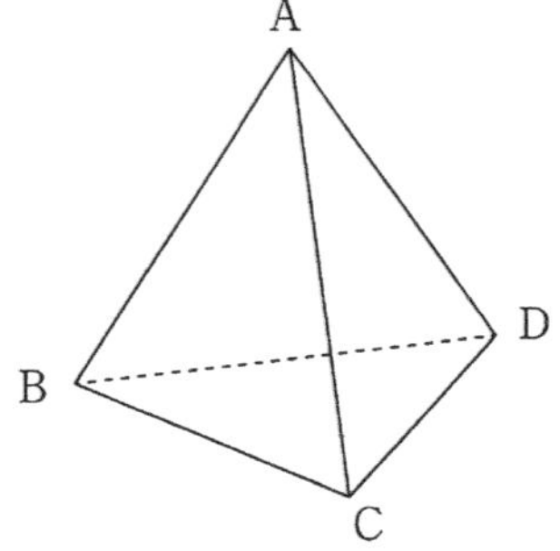

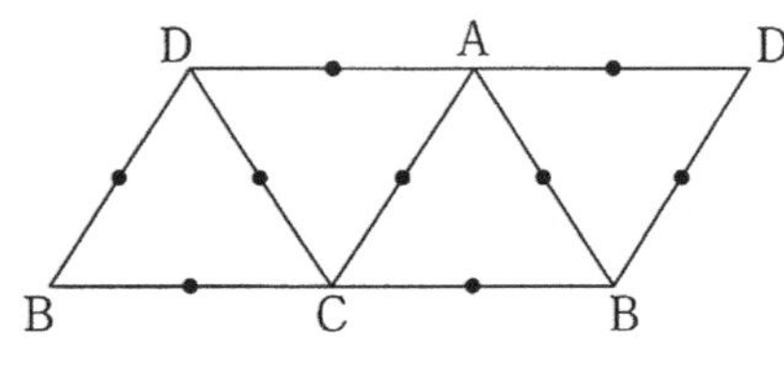

2 ある選手が，バスケットボールの試合で3点シュートと2点シュート，1点のフリースローを合わせて10本決め，全部で21点をあげた。また，1点のフリースローを決めた本数は，3点シュートを決めた本数の半分であった。このとき，3点シュートをx本，2点シュートをy本として，次の⑴～⑶の各問いに答えなさい。

⑴ 1点のフリースローを決めた本数をxのみを用いて表しなさい。

⑵ 連立方程式をつくりなさい。

⑶ x，yの値をそれぞれ求めなさい。

3 大小2つのさいころがある。大きいさいころの目は1から6であり，小さいさいころの目は2から7である。このとき，次の⑴～⑶の各問いに答えなさい。

⑴ 2つのさいころを同時に投げるとき，同じ目が出る確率を求めなさい。

⑵ 2つのさいころを同時に投げるとき，出た目の差が素数になる確率を求めなさい。

⑶ Aさんは大きいさいころを，Bさんは小さいさいころを投げる。このとき，出た目の大きいほうを勝ちとする。Aさんが勝つ確率を求めなさい。ただし，同じ目は引き分けとする。

5

(1)	(2)	(3)	(4)	(5)	(6)

※

6

①	②	③

※

7

問 1			
問 2	・		
	・		
	・		
問 3			
問 4			
問 5	①	②	③

※

※

※

※

※

2024 前期　英語

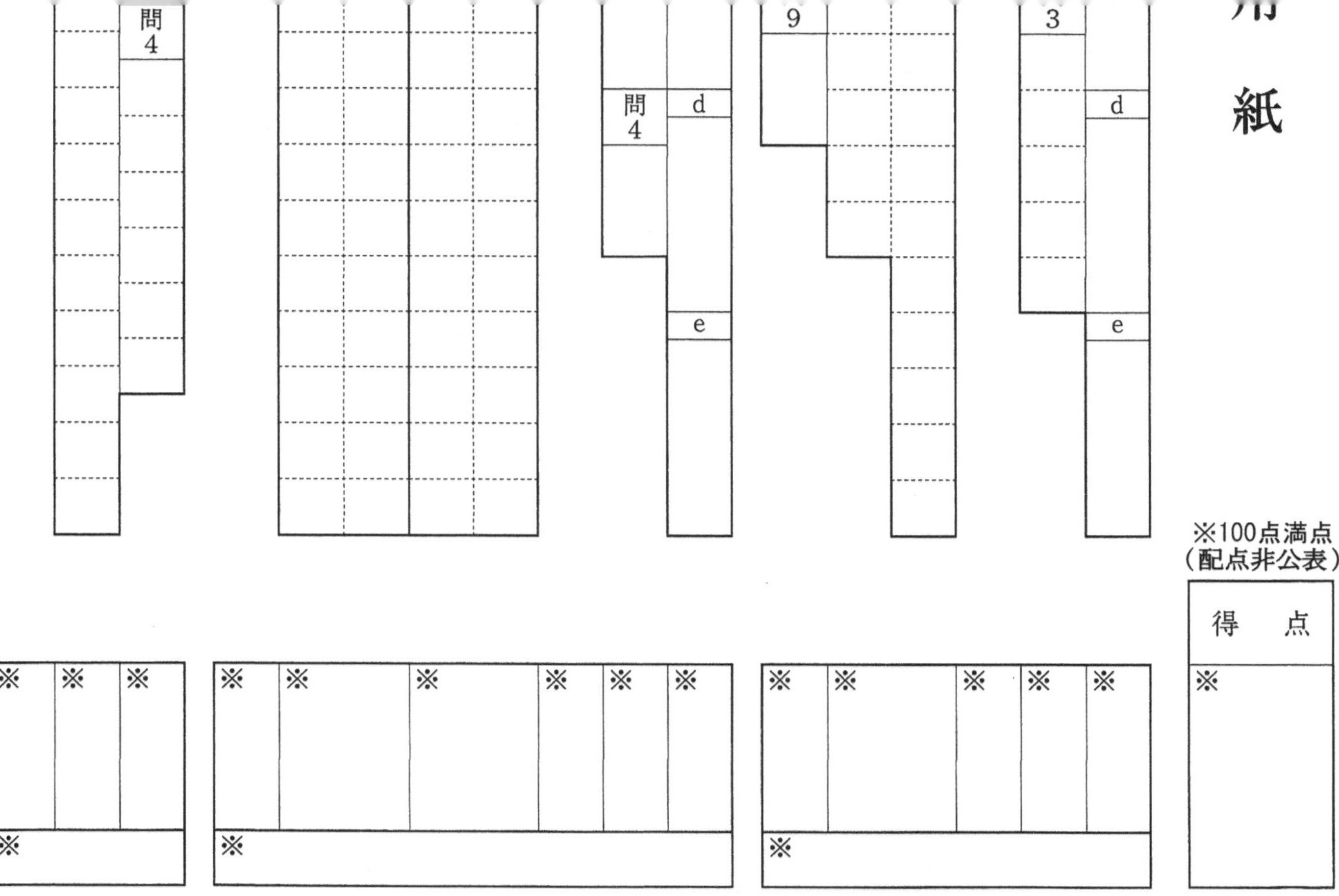

※100点満点
（配点非公表）

得　点
※

2024 前期　国語

受験番号	

得　　点	※ ※100点満点 （配点非公表）

	(4)		※
	(7)	$x =$	
度	(10)	D A D B C B	
	(3)	$x =$ $y =$	※
	(3)		
(3)	x 座標　　面積		※
:			

数 学 解 答 用 紙

1	(1)		(2)	
	(5)		(6)	
	(8)	平均値　　（冊）　中央値　　（冊）	(9)	
2	(1)	本	(2)	｛
3	(1)		(2)	
4	(1)	$a =$	(2)	$y =$
5	(1)	cm	(2)	:

国語解答

受験番号

一

問1 a b c

問2 1 2 3 4

問4

問5

問6

問7

問8

二

問1 a b c

問2

問3 Ⅰ

問5 〜

問6

問7

問8

三

問1

問2

問3

問5

問6

【解答

英 語 解 答 用 紙

受験番号	

得　点	※ ※100点満点（配点非公表）

1

問1	1番	2番	問2	1番	2番	3番	問3	1番	2番	3番

※

2

Question 1			Question 2			
(1)	(2)	(3)	(1)	(2)	(3)	(4)

※

3

(1)	In my case, (　　　　) better.
(2)	(　　　　) in Japan.
(3)	I (　　　　) windows.
(4)	So, can (　　　　) this desk?

※

4

A	

※

【解答

4 下の図のように，関数 $y = ax^2$ のグラフ上に x 座標が -2 である点Aと点B $(1, 1)$ をとる。また，x 軸上を動く点Pをとるとき，次の(1)～(3)の各問いに答えなさい。

(1) a の値を求めなさい。

(2) 直線ABの式を求めなさい。

(3) AP＋PBの長さが最も短くなるとき，点Pの x 座標を求めなさい。また，このときの△APBの面積を求めなさい。

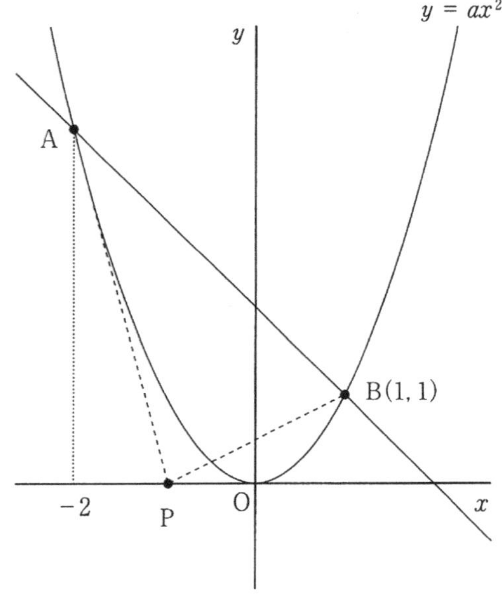

5 下の図のように，縦と横の長さがそれぞれ4 cm，8 cmの長方形ABCDと1辺の長さが6 cmの正方形EFCGが重なっている。対角線BDと辺EFの交点をP，対角線ECと辺AD，対角線BDとの交点をそれぞれQ，Rとする。このとき，次の(1)，(2)の問いに答えなさい。

(1) 線分PFの長さを求めなさい。

(2) EQ：QR：RCを最も簡単な整数の比で答えなさい。

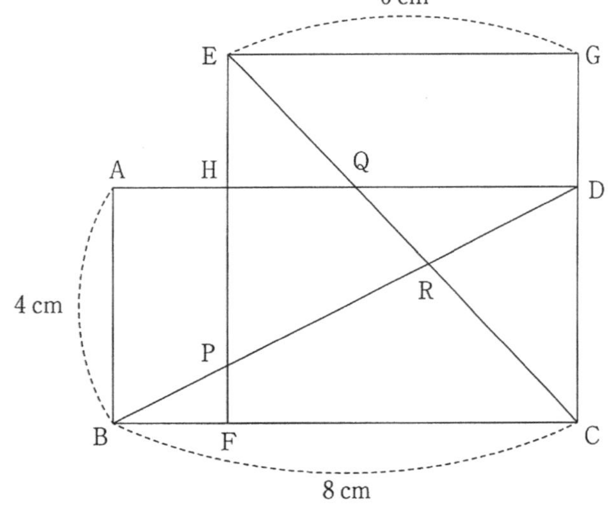

2024(R6) 龍谷高
K 教英出版

前　期

令和５年度特別進学コース入学試験問題

（第１限）

英　語

（50分）

龍谷高等学校

（注　　意）

1 「始め」の合図があるまで開いてはいけません。

2 問題は全部で６題あり，11ページまでです。

3 「始め」の合図があったら，まず解答用紙に受験番号を書きなさい。

4 すぐに「放送による聞き取りテスト」があります。放送の指示に従って答えなさい。「聞き取りテスト」が終わったら，次の問題へうつりなさい。

5 答えは，すべて解答用紙に書きなさい。

6 解答用紙の※印のところは記入しないでください。

7 印刷がはっきりしないでわからないときは，黙って手を挙げなさい。

8 「やめ」の合図で，すぐに鉛筆を置きなさい。

1 Listen and answer the following questions. ※音声と放送原稿非公表

問1 英語の質問を聞き、図や表が示す内容に合う答えを選ぶ問題です。質問に対する答えとして最も適当なものを、ア～エの中から1つ選び、記号を書きなさい。

1番

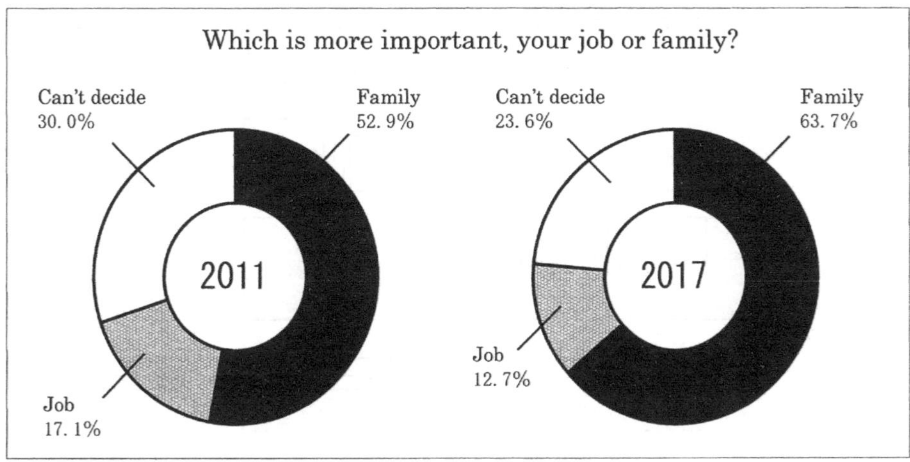

ア Yes, they were. イ Yes, they did.

ウ No, they didn't. エ No, they weren't.

2番

Title	Time	Language
A Wonderful Life	10:00 a.m. - 11:30 a.m.	English
A Wonderful Life	10:30 a.m. - 12:30 p.m.	Japanese
Great Islands	1:30 p.m. - 3:00 p.m.	Japanese
Great Islands	3:00 p.m. - 5:00 p.m.	English

ア At 10:00 a.m. イ At 10:30 a.m.

ウ At 1:30 p.m. エ At 3:00 p.m.

問２　イラストの内容に合う英文を選ぶ問題です。それぞれのイラストの説明として読まれる英文のうち最も適当なものを、ア～ウの中から１つ選び、記号を書きなさい。

１番

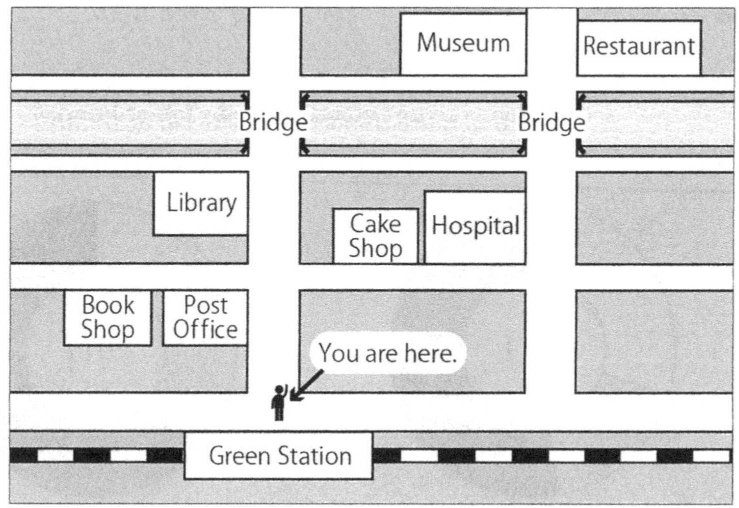

２番

3番

問3　高校生のアキラが留学生のリサに、学校の図書館の使い方について説明をします。話のあとに続けて読まれる3つの質問に対する答えとして最も適当なものを、ア～エの中から1つ選び、記号を書きなさい。

1番　ア　From Friday to Sunday.
　　イ　On the third Tuesday of every month.
　　ウ　From 9:30 in the morning to 5:00 in the afternoon.
　　エ　During summer and winter vacations.

2番　ア　Up to 3.
　　イ　Up to 5.
　　ウ　Up to 7.
　　エ　Up to 10.

3番　ア　Learning how to use the school library.
　　イ　Reading Japanese newspapers and books.
　　ウ　Using the computers in the library.
　　エ　Asking the staff about the school library.

＊これで「放送による聞き取りテスト」を終わります。

2 次の（1）〜（4）の日本文に合うように〔　　〕内の語（句）を適切に並べかえ、4番目と7番目にくる記号をそれぞれ答えなさい。ただし、文頭にくるべき語も小文字にしています。

（1） 彼が入れたコーヒーは、熱すぎて飲めなかった。
〔 ア he / イ to / ウ the coffee / エ hot / オ was / カ made / キ drink / ク too 〕.

（2） スーツケースを運びましょうか。
〔 ア you / イ your / ウ me / エ carry / オ like / カ suitcase / キ to / ク would 〕?

（3） スーが今何歳なのかわからない。
〔 ア know / イ don't / ウ old / エ is / オ how / カ I / キ Sue / ク now 〕.

（4） ここの気温は、東京より高い。
〔 ア that / イ here / ウ Tokyo / エ higher / オ the temperature / カ than / キ is / ク of 〕.

3 Read the e-mail and blog.

> Dear Barbara,
>
> There's going to be a festival in our town next summer! Will you be free to visit? I've joined the festival planning group, so it'll be more exciting for teenagers. Before, only adults decided on the food and music, and there weren't any games. I've started to search the Internet for the most interesting festival games and music. Last year there was a local band. They weren't the best but they were fun. This year the music is going to be even better — I'm the DJ! Please send any helpful advice you have and any suggestions for music downloads!
>
> Check your calendar — it's going to be incredible!
>
> Hope to see you soon,
> Mike

Choose one answer which is not true. Answer with a number.

Question 1
Mike asks his friend Barbara
1 to visit his town festival next summer.
2 to be a DJ at the festival.
3 to help him choose music.

Question 2
Last year
1 there weren't any games at the festival.
2 the adults chose the entertainment at the festival.
3 there was no music at the festival.

Question 3
Mike thinks that
1 the local band was the worst thing at the festival.
2 DJ music will be more exciting for teenagers.
3 the festival will be better next summer.

Helen's Travel & Adventure Blog

Hello Friends! I want to tell you about my dad's trip to New Zealand. He went for work. It took him three days to get there. He said he didn't sleep at all on the plane. But that must be a joke. My dad falls asleep while reading on his computer all the time. He even fell asleep at the dinner table once! My dad must be the sleepiest person in the world.

On his day off, my dad went on an adventure. He floated down a river flowing through a cave. There were even waterfalls in the cave as tall as buildings! Can you believe that? I didn't at first, but it must be true. My dad always tells the truth.

But that's not all. There were twinkling lights all over the cave. Dad said they looked like stars. But guess what? They were worms! Glow worms! He said that New Zealand might be the only place in the world with glow worms like the ones he saw.

Check back next week. A special guest is going to write about one of our national parks!

Kenji

The trip must not take that long. It only takes about 20 hours to get to China.

Mari

Sounds like a great trip. By the way, your dad can't be sleepier than my big brother!

Choose one answer which is not true. Answer with a number.

Question 4

Helen's father

1 went to New Zealand on business.

2 went to New Zealand to see his daughter.

3 went to New Zealand by air.

Question 5

Helen's father saw

1 buildings in a cave in New Zealand.

2 tall waterfalls in a cave in New Zealand.

3 glowing worms in a cave in New Zealand.

Question 6

Mari thinks

1 Helen's father had a great trip.

2 she is looking forward to meeting a special guest.

3 her brother is really the sleepiest person.

4 Read the passage and answer the following questions.

Around the world, coffee is [1] on farms by 25 million farm workers on about 27 million acres on land. That's more than seven percent of the Earth's surface! Just in Brazil, the world's largest coffee grower, almost 6.2 billion pounds of coffee are grown each year. That's the same weight as about 380,000 school buses. The world [2] much coffee because every year, people drink more than 500 billion cups. Businesses in the United States spend about $5.5 billion to bring coffee into the country and make more than $12 billion by [3] it. In other words, coffee is big business.

In fact, climate change could be a big threat to this business and the people who work on it. To grow good coffee, the weather must be just right. If it is too hot or too cold, or if there is too much or too little rain, the plants might [4], or the coffee beans might be [5] quality. ①Climate change is making the world hotter and changing where and how much rain falls. This means many areas that have perfect weather for growing coffee now will not be good places to grow coffee in the future. In Brazil, for example, scientists say that ②more than half of good land for coffee will not be able to be used by the year 2050.

Climate change is not the only problem. An insect called the coffee berry borer beetle that like to eat coffee beans also loves hotter weather. This means that as the climate changes, there will be more of these insects living in more places. And if there are more coffee berry borer beetles, more coffee plants will be attacked. They already cause $500 million of damage each year; how much will they cause in the future? In addition, diseases such as coffee rust (a disease that causes the tree to lose its ability to produce beans) become more common when the weather is hotter and wetter. In Central America in 2011, this disease began to spread from coffee farm to coffee farm. In total, it affected more than half of the land that was used for growing coffee, and 350,000 people lost their jobs.

Coffee is the favorite drink of people all over the world. But if humans don't work together to stop climate change and protect coffee, ③it could become part of our history, not our future.

問1 自然な流れになるように本文の[1]～[3]に入る最も適切なものをア～エの中から1つずつ選び、記号で答えなさい。

[1]	ア written	イ grown	ウ working	エ making
[2]	ア tells	イ agrees	ウ searches	エ needs
[3]	ア buy	イ find	ウ changing	エ selling

問2 [4]・[5] に入る単語の組み合わせとして、最も適切なものを次のア～エの中から1つ選び、記号で答えなさい。

ア [4] die ・ [5] rich
イ [4] die ・ [5] poor
ウ [4] grow ・ [5] rich
エ [4] grow ・ [5] poor

問3 下線部①の和訳として最も適切なものを次のア～エの中から1つ選び、記号で答えなさい。

ア 気候変動は雨が降る時期や場所を変化させ、より暑い世界を作る。
イ 気候変動はより暑い世界を作り、たくさんの場所でたくさんの雨が降る。
ウ 気候変動は世界をより暑くし、雨が降る場所と量を変える。
エ 気候変動は世界をより暑くするので、多くの雨を降らせる。

問4 下線部②を日本語に直しなさい。

問5 次の説明文は、the coffee berry borer beetles が気候変動によってどのような影響を受けるかをまとめたものです。下線部（1）（2）に入る日本文を答えなさい。

the coffee berry borer beetles は、気候変動によって数が増え、 より多くの（1）__________、より多くの（2）__________。

問6 coffee rust がもたらした損害として最も適切なものを次のア～エの中から1つ選び、記号で答えなさい。

ア 55億ドルの経済損失となった。
イ 食料となる家畜が減少した。
ウ 毎年5億ドルの損害をもたらした。
エ 35万人が職を失った。

問7 下線部③はどういう意味か。答えとして最も適切なものを次のア～エの中から1つ選び、記号で答えなさい。

ア 将来、気候変動が起こるということ。
イ 将来、職を失う人が増えるということ。
ウ 将来、人々がコーヒーを嫌いになるということ。
エ 将来、コーヒーがなくなるということ。

5 Read the passage and answer the following question.

About 800 million adults around the world are illiterate; that is, cannot read and write. Ninety percent of these people live in poor countries, and two-thirds of them are women. Illiteracy is especially common in poor countries because many families are not able to pay for their children's education. In fact, about 60 million young children do not attend secondary school. This makes it more difficult for them to get good jobs and increase their standard of living.

On January 12, 2004, Kimani Maruge knocked on the door of the primary school in his village in Kenya. It was the first day of school, and he was ready to start learning. The teacher let him in and gave him a desk. The new student sat down with the rest of the first graders: six- and seven-year-old children. However, Kimani Maruge was not an ordinary first grader. He was 84 years old — the world's oldest first grader.

Kimani Maruge was born in Kenya in 1920. At that time, primary education in Kenya was not free, and Maruge's family didn't have enough money to pay for school. When Maruge grew up, he worked hard as a farmer. In the 1950s, he fought with other Kenyans against the British colonists. After years of fighting, Kenya became independent in 1963.

In 2003, the Kenyan government began offering free primary education to everyone, and Maruge wanted an education, too. However, it wasn't always easy for him to attend school. Many of the first graders' parents didn't want an old man in their children's class. School officials said that a primary education was only for children. But the school principal, Jane Obinchu, believed Maruge was right. With her help, he was able to stay in school.

Maruge was a motivated and successful student. While in primary school, he studied Swahili, English, and math. He did well in these subjects. In fact, he was one of the top five students in his first grade class. By the second grade, Maruge became the school's student leader. And even though life was sometimes difficult, Maruge stayed in school until the seventh grade.

In 2008, Maruge had to move to a refugee camp because of fighting in his village. However, even during those difficult times he continued to go to school. Later that year, he moved to a home for the elderly. Some of the residents of the home were illiterate, and Maruge taught them to read and write. He also continued going to school.

In 2005, Maruge flew in a plane for the first time in his life. He traveled to New York City, where he gave a speech at the United Nations. He spoke about the importance of education. After watching the movie of his speech, many older Kenyans decided to start school. One of those people was 19-year-old Thoma Litei. Litei said, "I knew it was not too late. I wanted to read, and to know more languages, so I came to school to learn." That is why it is important for his story to be known.

Choose four that match the content. Answer with numbers.

1 In poor countries, more than 700 million people cannot read and write.
2 In poor countries, more women can read and write than men.
3 Maruge went to primary school for the first time at the age of 84.
4 In 1963, everyone could go to school for free in Kenya.
5 Maruge became a farmer after graduating from primary school.
6 Maruge fought against the British colonists for independence.
7 In primary school, many of the first graders' parents helped Maruge to attend the class.
8 When Maruge asked to attend the primary school, the principal said he couldn't.
9 There were only five students including Maruge in the first grade class.
10 Maruge became a teacher in a primary school in his village.
11 In New York, Maruge spoke about how difficult stopping a war is.
12 To understand the importance of education, it is important to know Maruge's story.

6 Write your answer (from 5 to 10 words in English) to this question.

Question：**If *COVID-19 (coronavirus) situation ends, what will you do?**

* COVID-19　新型コロナウイルス感染症

前　期

令和5年度特別進学コース入学試験問題

（第2限）

国　　語

（50分）

（注　　意）

1　「始め」の合図があるまで開いてはいけません。

2　問題は全部で3題あり、12ページまでです。

3　「始め」の合図があったら、まず解答用紙に受験番号を書きなさい。

4　答えは、すべて解答用紙に書きなさい。

5　解答用紙の※印のところは記入しないでください。

6　印刷がはっきりしないでわからないときは、黙って手を挙げなさい。

7　「やめ」の合図で、すぐに鉛筆を置きなさい。

一　次の文章を読んで、あとの問いに答えなさい。

布団を敷き、枕もとのスタンドをつけます。ずらりと並んだラインナップの中から、このところ読んでいなかった一冊をすっと抜き出します。それを持って布団に入ることが、私にとっての「寝る」ということなのでした。どの本のどこが面白いのか、どこを飛ばして読めばいいのかを、私はちゃんと心得ていました。

そのうちに①自分がどんな本に魅かれるかも分かってきました。私の好きなお話は、人がつながり、自己変革をとげる物語なのでした。劣等生だったヴィーチャが友だちと一緒に変わっていくところや、秘密の花園でコリンが仲間とともに密かに歩く練習を始めるところを私は繰り返し読んだことを思い出します。

やがて私は自分で本を選ぶようになります。（　１　）思い出すのは、一一月にある神田の古本市（今もあります）です。古本ですから、お金の心配もないのでしょう。この日ばかりは、私が本を何冊選び出しても、父は何も言いません。私は、両手に持ちきれないほど本を抱えて、幸せな気持ちで家に帰るのでした。

もちろん私は本ばかり読んでいただけではありません。本は私の大切な世界でしたが、子どもの持つエネルギーは、②私をそこだけにとどめておくことはできませんでした。私は、当然のように、放課後や学校が休みになると、近所の年齢の異なる子どもたちと野球をしたり、メンコ※したり、崖に穴を掘って秘密基地をつくったりしていたのでした。

仲間と力を合わせて、何かを達成する物語。その「友情・団結・勝利」と「自己変革」の物語の主人公に、いつか私もなるのかもしれない。秘密基地を作りながら、私はそう信じていた気がします。

やがて、私は、中学生になりました。

私は、卓球部に入部します。近所のお兄さんは「ちゃん」ではなく、「先輩」と名を変えていました。

先輩は絶対の存在で、練習の準備と片付けはすべて一年生が行います。練習は、ずっと球拾いと素振りです。と、まあ、ここまではさほど驚くことではないかもしれません。

しかし、③その日常には「礼儀」と呼ばれる奇妙なしきたりが存在していました。一年生は冬でも半そで短パンでなければならない。一年生は水を飲んではならない。一年生は喋ってはならない。一年生は壁に寄りかかってはならない。もちろん座ることなどロンガイ[a]です。その他、数限りない「礼儀」を私たちは最初に教わりました。

こぼれた球は、ダッシュで拾い。そして、その球は必ずアンダースローで回転をかけずに投げなくてはなりません。これに反すると、バチンと

ｂシキンキョリで打った球が顔面付近に飛んできます。運が悪ければ、それが顔を直撃するのです。それをよけようものなら、（　２　）何発も球が飛んでくることになります。

「最近、一年、たるんでいるんじゃないか」

先輩の、この声が聞こえると決まって「ビケ抜き」が始まります。「ビケ抜き」とは、グランドを、最後尾の者を一周抜くまで走り続けるトレーニングです。ケンちゃんという足の速い友人がいれば、（　３　）七〜八周というところです。けれども、ケンちゃんがいないと、「ビケ抜き」はいつまでも終わらない、ｃヒサンなものになるのでした。

そこは、「友情・団結」どころか「勝利」さえもかすむような先輩によるパワハラが日常となっている世界でした。ねっとりとした、のしかかるような空気が、いつも私たちを支配していました。

「※飴と鞭」の「飴」もありました。

イノという友人は、球をもう一つ手に持ち、球が転がってくると、「先に先輩に球を投げて、それから拾いに行く」という技を発明しました。そうすると、すぐに先輩に球が届くことになります。イノの工夫に気づいた小林先輩は「お、いいこと考えてんじゃん。井上、お前、こっちこいや」と、ちょっとだけ台で打たせてくれたりするのです。

土曜日は先輩のお昼を買いに行かねばなりません。お金を受け取ると、私は近所の「おかめや」というお店に走ります。「おかめや」は、注文するとその場で調理して渡してくれるお店です。ホカホカの焼きそばパンは二〇円。一番高いハンバーグパンは三五円でした。当時、土曜日は半日授業でその土曜日のお昼をどこで調達しようが、学校はｄカンチしない。そんなおおらかな時代だったのです。

「おかめや」のおばちゃんも心得たもので、「お使い」のうちは何も言ってもらえません。上級生になって、自分で買いに行くと、いつ知ったのでしょう、おばちゃんが「史郎さん、いらっしゃい」と名前を呼んでくれるのです。

パンと一緒にいつも大盛焼きそばを頼む小林先輩を、私は、こっそり「ヤキソバ」と呼んでいました。「ビケ抜き」を思いつくのも、私をお使いに行かせるのも小林先輩でした。でも、「お釣りはお駄賃だ」とか、「一年、ちょっと教えてやるぞ」と言い出すのも、たいがい小林先輩でした。

④この全く理不尽な卓球部で、意外にも私は卓球に夢中になりました。

いつまでたっても台で打つことができない事態に⑤業を煮やし、私はイノと近所の卓球場に通うようになりました。日曜日に早起きをして、場所取りをしました。誰も教えてくれる人などいませんから、卓球の雑誌を見たり、上手な人のプレイを思い出したりしながらの練習です。そこには自由がありました。疲れたら座ることができました。ジュースを飲んだり、お菓子を食べることだってできました。でも、それよりも何よりも、こっそりと練習をする、（　４　）「秘密の花園」のような世界がそこにはあったのです。

私は、毎週のように卓球場に通いました。イノがだめな時はシラさんを呼び出しました。近くの中学校の一年生とも、そこで知り合いになりました。ヒラガくんというとてつもなく強い一年生がいることを知り、みんなを集め、その卓球場で「練習試合」をしたこともありました。

さほど運動神経がいいわけではない私には、一つのスポーツを[e]ケイゾクテキに行うという経験がありませんでした。だから、「自分たちで練習をして、次第に上手くなっていく」ことが、私は嬉しくてたまりませんでした。

その鮮やかに残る記憶のせいでしょうか。私は部活動を描いた本があると思わず手に取ってしまいます。

（高原　史朗「部活、その鮮やかな記憶」『答えは本の中に隠れている』所収　岩波ジュニア新書より）

※　メンコ……子供の遊び道具。ボール紙を切り、絵をはりつけ、地面に置いて打ちつけてひっくり返して遊ぶ。

※　「飴と鞭」……喜ばせておいたり、厳しく当たったりすること。

問１　――線部ａ～ｅのカタカナを漢字に直しなさい。

問２　（　１　）～（　４　）に入る言葉として最も適当なものを、次のア～オの中からそれぞれ選び、記号を書きなさい。

ア　さらに　　イ　まるで　　ウ　つまり　　エ　とりわけ　　オ　せいぜい

問３　――線部①「自分がどんな本に魅かれるかも分かってきました」とあるが、どんな本だというのか。本文中のこの段落以外から一文を抜き出して最初の五字を書きなさい。

問４　――線部②「そこ」の具体的内容を本文中の言葉を使って十字程度で書きなさい。

問５　――線部③「その日常には「礼儀」と呼ばれる奇妙なしきたりが存在していました」を比喩的に表現している箇所を二十字以内で抜き出して書きなさい。

問6　――線部④「この全く理不尽な卓球部で、意外にも私は卓球に夢中になりました」とあるが、それはなぜか。次のア～エの中から最も適当なものを選び、記号を書きなさい。

ア　理不尽な卓球部の中で、時には先輩にほめられることが自分の励みとなって、もっと上達したいと思ったから。
イ　先輩たちから教わった「礼儀」や社会に出るために大事なことであり、我慢することで成長できると思ったから。
ウ　球拾いや素振りをするのは嫌だったが、それも卓球が上達するための大事な要素だと思って、練習に励んだから。
エ　厳しい部活動があったからこそ、練習場や練習場所を見つけて、自分たちで取り組む楽しさを知ったから。

問7　――線部⑤「業を煮やし」とあるが、「業を煮やす」の類義語を、次のア～エの中から選び、記号を書きなさい。

ア　肝を冷やす　　イ　石橋を叩いて渡る　　ウ　堪忍袋の緒が切れる　　エ　開いた口が塞がらない

問8　本文の内容について正しく述べられているものを、次のア～エの中から選び、記号を書きなさい。

ア　中学生になる前の「私」は、本を読むことが好きで、本ばかり読む少年で、いろいろな物語を読むことだけが楽しみであった。
イ　中学生になると「私」は卓球部に入ったが、先輩のために、球拾いや素振りばかりさせられるのでいつもやめたいと思っていた。
ウ　なかなか卓球がうまくならなかった「私」は、近所の卓球場に行き、自分なりの練習をして次第にうまくなっていった。
エ　毎週のように卓球場に通うようになった「私」は、親しい友人とばかり練習することで上達していくことが嬉しくてたまらなかった。

二　次の文章を読んで、あとの問いに答えなさい。

ヴィクトリアは、小さな頃から男の子になりたかった。

女の子が夢中になるとされているものに、彼女は興味が持てなかった。おもちゃ屋の女の子のコーナーに溢れるピンク色や赤色にも、男の子のコーナーに重ねられたロボットやプラモデルの（　Ⅰ　）した銀色や黒色にも、馴染むことができなかった。あまりにも（　Ⅱ　）色の層が二つにわかれているので、どちらからもはね返されたような気持ちになったヴィクトリアは、青色や黄色、オレンジ色など、いろんな色が躍っているビニールのボールやフラフープのコーナーで（　Ⅲ　）色を見ていた。

人形遊びが嫌いなわけでもなかったが、あの棚一面にずらっと並んだパッケージのピンク色を見ると圧トウ[A]されてしまって、それぞれの人形の違いがよくわからなくなった。それにヴィクトリアが着てみたいと思うような服の人形はあまり見つからなかった。みんなフリルやレースのついた、極端に可愛らしいドレスを着て、すらっとした足の先は小さなビニールのハイヒールの中に隠れている。

①当時のヴィクトリアが親しみを覚えたのは、いろんなお仕事用の制服を身につけている人形たちで、機能美なんて言葉はまだ知らなかったけど、レースやフリルがついていない、シンプルな服はとても素敵に思えた。『シンデレラ』の映画を見た時も、シンデレラの変身後の美しいドレスよりも、変身前の灰色の簡素なワンピースのほうが好きだったので、彼女が変身するとがっかりしてしまった。『美女と野獣』も同じだった。ベルはごてごてしたドレスよりも、はじめの水色のエプロンを着けている時が良かった。それにビーストも、変身したらあごの長い金髪男になってしまって、誰これって感じだった。ビーストのままのほうがキュートだったのに。

世の中のいろんなこと、いろんな物語は、ヴィクトリアの好きな状態ではなかった。世界にはもっといろんな色があるはずなのに、どれもがわかりやすいかたちに整えられているか、汚い色、つまらない色をしていた。だけど、素敵な物語や素敵な色が見つかることもあって、そんなときはとりわけ幸せな気持ちになった。

②高校生になったヴィクトリアは自分の金色の髪をいろんな色に染め、穴の開いたブラックジーンズによれよれのバンドTシャツを着て、バッジをいっぱい留めたバックパックを背負って学校に通っている。もう最終学年だ。

今日のヴィクトリア（今の髪の色はショッキングピンクで、なぜだかわからないけど、こういう風にならヴィクトリアとピンク色は仲良くなれた）は、親友のテリッサと一緒に、田舎町で唯一のモールを歩き回っていた。※プロム用のドレスを買いに来たのだけど、そもそもヴィクトリアはプロムになんか行きたくなかった。安っぽいサテンやベルベットの、毎年同じかたちが量産されているドレスに何百ドルも払わないといけないなんて馬鹿みたいだ。おしゃれな子たちは、誰かとドレスがかぶる恐れを回避するため、車で都会のモールまで買い物に行っているみたいだった。それも馬鹿みたいだ。

つるつるした素材のレースの下着が所セマしと並んだ、自分の名前と同じ下着店の横を通り、ヴィクトリアは苦々しい気持ちで目を逸らす。そんな彼女の様子を見て、テリッサはにやにやしながら言う。

「そんであんたの秘密って何なの？親友のわたしに隠しごとするわけ？」

中学で出会ってから何十回となく二人はモールに一緒に来ていて、この店の前を通る度に、テリッサは茶化すように必ずそう言う。ときには深刻げに、ときには涙ながらに、常にふざけて。面白い冗談だと思ってるわけじゃないけど、これまでずっとそうだったから、まあ、一応やっておこうって感じ。そのたびにヴィクトリアも、実は双子なんだよね、とか、先祖が吸血鬼だったんだよね、とか適当に返す。そもそもヴィクトリアもテリッサも、こういうあからさまにセクシーぶった下着は好きじゃない。

二人はオレンジのスムージーをすすりながら、モールを歩く。こんな場面、学園映画を見ているといくらでも出てくる。地味な女の子が学園の人気者グループに見初められ、おしゃれの手ほどきを受け（「眼鏡をはずしたほうがかわいいよ」）、プロムやパーティーで華麗に変身した姿を見せる映画とか。けど、ヴィクトリアは、変身する前の彼女たちが好きだった。キャリーは豚の血を浴びせかけられたけど、それで良かったと思う。彼らの一員になるくらいなら、そのほうが良かったし、激怒してからの彼女はかなりかっこいい。ヴィクトリアとテリッサのお気に入りは、『ザ・クラフト』だった。ピンク色の世界とは正反対の、彼女たちが変身しても黒度が増すだけの、あの映画。テリッサの家のベースメントで、わーわー歓声を上げながらＤＶＤを二人で見た。

「プロム行くのやめようかな」

モールの中央にある噴水とやしの木を見ているうちに、気がつけばヴィクトリアはそう口にしていた。

「どうして？別に男の子と行くわけでもないのに。うちは小さな学校だから、友だち同士でもいいんだよ。高校最後の思い出なんだから、ヴィッキーがいてくれないとさみしいよ」

テリッサはヴィクトリアの肩に手を回して、引き寄せる。テリッサの髪の色はエメラルドグリーンで、下のほうがグラデーションになっている。今までの最高傑作だ。

「そうだけど、でも、ドレスを着たい気分でもないんだよね」

「なんで？なんだったら古着屋でなんか見つける？そのほうが安いし、余ったお金で映画何本も見れるしね。別にスカートじゃなくてもいいしさ。二人で紫色のスーツできめる？『ミーン・ガールズ』みたいに」

頓着せずに、一番近いモールの出口に向かおうとしたテリッサを引き止めるように、ヴィクトリアは思わず、自分の秘密を人生ではじめて打ち明けていた。

ただでさえでかいテリッサの目がさらにまん丸くなる。テリッサはヴィクトリアの肩を両手でがちっとつかむと、ぶんぶん揺さぶるようにして言う。

「どうして男になんかなりたいの、ヴィッキー。男がどんだけバカで、救いようがないか、わたしたちよく知ってるじゃない！学校でさえあれなのに、社会に出たらもっとひどいことになるんだよ。わたし、ヴィクトリアに男になんかなって欲しくない！」

もちろんテリッサの気持ちはよくわかる。ヴィクトリアだって、学校の男の子たちにはうんざりだ。というか、学校のすべてにうんざりしていた。

「約束する。男みたいな、つまんない男にはならないって。ただなんかもうやなんだよね、ヴィクトリアって名前も嫌いだし。男になって、ヴィクターとか、スペンサーみたいな名前にしたい」

「『クリミナル・マインド』のドクター・スペンサー・リードみたいに？それ、かっこいい。ヴィクトリアが彼みたいな男になるんだったら、いいかも。ドクター・スペンサー・リードが世界に一人しかいないなんて少なすぎるとずっと思ってたんだよね、わたし」

テリッサは一瞬で目をきらきらと輝かせ、ヴィクトリアをうっとりとした眼差しで見つめてくる。ヴィクトリアがもう未来のドクター・スペンサー・リードに見えているらしい。無理だよ、今からＩＱ１８７は。

「確かに彼はキュートだよね。あー、でも今はじめて口に出してみたら、男になりたいっていうのも違うかも。なんだろ、なんかずっと違うんだよね、何なのかよくわかんないんだけど」

ヴィクトリアは、飲み終わったオレンジスムージーの容器をゴミ箱に投げ入れ、水滴でぬれた手をジーンズで拭う。

「気持ちはわかるよ」

テリッサはエメラルドグリーンの髪をわしわしと何度かかき混ぜた後、腕にしていたレインボーカラーのゴムでまとめあげた。首筋の、錨模様のフェイクタトゥーのシールが現れる。

「なんかだるいよね、最初からいろいろ決まっててさ。まあでも、わたしはいつでもヴィッキーの味方だから、カミングアウト？とかそういうのいつでも応援するし。ていうか、自分のセクシャリティなんて、わたしもわかんない」

カミングアウトか。ヴィクトリアは頭の中でその言葉を反芻してみる。今の自分をカミングアウトするとしたら、どうなるんだろう。自分の性別に違和感があるけど、別に女の子が好きなわけじゃなくて、実は好きな男の子もいるし、でも将来的にはわからない。こういうのは、どれにカテゴライズされるの？途中で気持ちが変わったら、またほかのグループに入れてもらえばいいの？またカミングアウトして？

わかんないけど、③どうしてこっちがカミングアウトする側なんだろう。彼らだって、カミングアウトするべきことがあるんじゃないのかな。実は差別主義者ですとか、一度も募金をしたことがありませんとか、毎日ネットで悪口を書いていますとか。どうして彼らはカミングアウトされるのをのうのうと待っているんだろう。まるで自分たちにはカミングアウトすることなんて一つもないみたいに。カミングアウトは勇気ある行動だっていうなら、彼らもカミングアウトすればいいのに。そしたら心を込めて拍手してあげる。どうしてカミングアウトしないと、存在が認められなかったり、秘密を隠していることになるんだろう。まったく、嫌になることばっかだ。

駐車場を歩きながら、ヴィクトリアはうがーと大きく腕を振り回す。ヴィクトリアの手がもっとずっと長かったら、雲をかき混ぜることができるのに。テリッサはヴィクトリアの手をとると、そのまま元気な子どもが乗ったブランコみたいにぶんぶん大きく揺らし、にっこり微笑んで言う。

④「ヴィクトリアには秘密なんてないよ」

（松田　青子『ワイルドフラワーの見えない一年』より）

※　プロム……プロムナードの略称で、イギリス・アメリカ・カナダの高校で学年の最後に開かれるフォーマルなダンスパーティー

問1　――線部A「圧トウ」、B「所セマし」のカタカナ部分と同じ漢字を含むものを、次のア～エの中からそれぞれ選び、記号を書きなさい。

A「圧トウ」
ア　選挙でトウセンする。
イ　コウトウで説明する。
ウ　トウサクした愛情。
エ　用意シュウトウな人。

B「所セマし」
ア　カイキョウを渡る。
イ　オンキョウがいい舞台。
ウ　悪のゲンキョウ。
エ　キョウギに解釈する。

問2　（　Ⅰ　）～（　Ⅲ　）に入る言葉として最も適当なものを、次のア～オの中からそれぞれ選び、記号を書きなさい。

ア　ぼんやりと　　イ　ぱっきりと　　ウ　さらっと　　エ　ごつごつと　　オ　ぎらぎらと

問3 〰〰〰線部a「頓着せず」、b「反芻して」、c「カテゴライズ」の本文中での意味として最も適当なものを、次のア〜エの中からそれぞれ選び、記号を書きなさい。

a「頓着せず」
ア　一つにこだわって
イ　見ないふりをして
ウ　何も気にしないで
エ　まったく関係なく

b「反芻して」
ア　繰り返し考えて
イ　かみくだいて
ウ　言い返して
エ　熟考して

c「カテゴライズ」
ア　切り離すこと
イ　まとめること
ウ　含むこと
エ　選択すること

問4 ―――線部①「当時のヴィクトリアが親しみを覚えたのは、いろんなお仕事用の制服を身につけている人形たち」とあるが、なぜか。その説明として最も適当なものを、次のア〜エの中から選び、記号を書きなさい。

ア　美しいドレスは余計な装飾が多すぎて、動きたいように動けないような感じがして気に入らなかったから。
イ　美しさはドレスや髪型で決まるのではなく、一生懸命働くことで内面からしか出てこないものだと思っていたから。
ウ　美しさは余分な装飾を省いた無駄のないデザインの中に自然にあらわれてくるものだと感じていたから。
エ　ごてごてした装飾がついている服は、何もかも自分が好まない色や形のものしかないと思えたから。

問5 ―――線部②「高校生になったヴィクトリアは自分の金色の髪をいろんな色に染め」とあるが、ヴィクトリアがこのようにするのはなぜだと考えられるか。四十字程度で説明しなさい。

問6 ―――線部③「どうしてこっちがカミングアウトする側なんだろう」とあるが、このように思うのはなぜか。その説明として最も適当なものを、次のア〜エの中から選び、記号を書きなさい。

ア　誰にだって言いたくない、言いにくいことがあって隠し続ける人もいるのに、誰もがそれをさらけ出さなければ認められない世の中になっていることに危機感を覚えているから。
イ　周囲に知られたくないことは誰にでも少なからずあって、本当ならばそれを言っても言わなくても一人の人間として認められるべきではないかと疑問に感じているから。
ウ　隠したいことや言いにくいことをずっと隠し続けて生きていくことは苦しいので、誰もが自分自身をどんな時にでもさらけ出せるような環境を作りたいと考えているから。
エ　世の中は様々な見えないルールや、常識に縛られているので、言いにくいことや秘密を話したくても話せないような状況になっており、それを悲しく感じているから。

問7 ――線部④「ヴィクトリアには秘密なんてないよ」とあるが、テリッサのどのような態度が読み取れるか。その説明として最も適当なものを、次のア～エの中から選び、記号を書きなさい。

ア ヴィクトリアがずっと悩みを抱え続けてきたことは、親友として気づいて助けてあげるべきだったという後悔があるため、今後は何があってもヴィクトリアを守り続けていこうとしている。

イ ヴィクトリアの趣味や性別に対する違和感が、世間で常識とされている価値観とは異なっていても、一人の人間として何ひとつ変わりはないとヴィクトリアを受け入れている。

ウ ヴィクトリアが持ち続けてきた趣味や性別に対する違和感は、少なからず誰もが持っているものであり、自分も同じように悩んでいたのだから、たいした問題ではないと楽観している。

エ ヴィクトリアも自分も同じような悩みを持っているので、たとえ世間からは認められなかったとしても、二人だけで理解しあい、支え合って生きていくことを誓おうとしている。

三　次の文章を読んで、あとの問いに答えなさい。

中頃、※市生（いちのかみ）時光といふ※笙（しょう）吹きありけり。茂光といふ※篳篥（ひちりき）師と囲碁を打ちて、同じ声に※裏頭楽（くわとうらく）を唱歌にしけるが、面白くおぼえける程に、※内よりとみの事にて時光を召しけり。御使いたりて、この由をいふに、いかにも耳にも聞き入れず、ただ②もろともにゆるぎあひて、（歌の調子をとって）ともかくも申さざりければ、御使かへりまゐりて、③この由をありのままにぞ申す。いかなる御いましめかあらんと思ふほどに、④「いと⑤あはれなる者どもかな。さほどに楽にめでて、何事も忘るばかり思ふらんこそ、⑥いとやむごとなけれ。王位は口惜しきものなりけり。行きてもえ聞かぬ事」と涙ぐみ給へりければ、⑦思ひの外（ほか）になむありける。

これらを思へば、⑧この世の事思ひすてむ事も、※数寄（すき）はことにたよりとなりぬべし。

（「発心集」より）

※　市生……市の司（東西の市の管理・監督庁）の長官　※　笙、篳篥……笙、篳篥共に雅楽用の管楽器　※　裏頭楽……雅楽の曲名

※　内……天皇　※　数寄……風流、風流の心

問1　〰〰線部「かへりまゐり」を現代仮名遣いで書きなさい。

問2　――線部①「とみの事」、②「もろともに」、⑤「あはれなる者ども」の本文中での意味として最も適当なものを、次のア～エの中からそれぞれ選び、記号を書きなさい。

①「とみの事」
ア　思いがけない事
イ　急ぎの用事
ウ　ありがたい事
エ　ちょっとした事

②「もろともに」
ア　楽しそうに
イ　我を忘れて
ウ　お互いに
エ　それぞれに

⑤「あはれなる者ども」
ア　すばらしい者たち
イ　おろかな者たち
ウ　気の毒な者たち
エ　生意気な者たち

問3　――線部③「この由」の説明として最も適当なものを、次のア～エの中から選び、記号を書きなさい。

ア　時光と茂光が、囲碁を打ちながら、楽しく面白そうに歌っていたこと。
イ　茂光が、すぐに時光を天皇の所に行かせようとしなかったこと。
ウ　茂光と時光が、天皇の呼び出しを無視しようと話したこと。
エ　時光が、茂光と囲碁と歌に夢中になっていて返事をしなかったこと。

問4　――線部④「思ふほどに」の主語を本文中から抜き出して、書きなさい。

問5　――線部⑥「いとやむごとなけれ」の解釈として最も適当なものを、次のア～エの中から選び、記号を書きなさい。

ア　とても終わることはない。　　イ　たいそう素晴らしいことだ。
ウ　まったくあきれたことだ。　　エ　特にけしからんことだ。

問6　――線部⑦「思ひの外になむありける」とあるが、どういうことが「思ひの外」というのか。二十字程度で書きなさい。

問7　――線部⑧「この世の事思ひすてむ事も、数寄はことにたよりとなりぬべし」とあるが何を言おうとしているのか。その説明として最も適当なものを、次のア～エの中から選び、記号を書きなさい。

ア　風流の心を持つことは、この世の中への思いを断ち切って仏の道に入る時の一つの方法であること。
イ　風流の心を持っているためにこの世の中への未練が残り、仏の道に入ることができないということ。
ウ　風流の心を捨てることは、仏の道に入るためには何を捨てるよりもまず大切なことだということ。
エ　風流の心だけを捨てきれないために、他のすべてを捨てても仏の道に入ることができないということ。

前　期

令和５年度特別進学コース入学試験問題

（第３限）

数　　学

（50分）

（注　　意）

1 「始め」の合図があるまで開いてはいけません。

2 問題は全部で５題あり，４ページまでです。

3 「始め」の合図があったら，まず解答用紙に受験番号を書きなさい。

4 答えは，すべて解答用紙に書きなさい。

5 解答用紙の※印のところは記入しないでください。

6 印刷がはっきりしないでわからないときは，黙って手を挙げなさい。

7 「やめ」の合図で，すぐに鉛筆を置きなさい。

1 次の(1)～(10)の各問いに答えなさい。

(1) $3 \div \frac{1}{6} \times \left(-\frac{1}{3}\right)^2$ を計算しなさい。

(2) $\frac{3x-y}{3} - \frac{x-6y}{2}$ を計算しなさい。

(3) $\frac{4}{\sqrt{2}} + \sqrt{2}(\sqrt{2}-1)$ を計算しなさい。

(4) $(x-1)^2 - (x+7)(1-x)$ を因数分解しなさい。

(5) 方程式 $2x^2 - 3x - 1 = 0$ を解きなさい。

(6) 縦と横の長さの比が2：5である長方形がある。縦が x cm のときの面積を y cm^2 とするとき，y を x の式で表しなさい。

(7) 右の図は，ある中学3年生120人に行った数学のテストの得点のデータを箱ひげ図に表したものである。この箱ひげ図から読み取れることとして正しいものを，次の①～③から1つ選びなさい。

① 30点台の生徒は30人である。

② 50点以上の生徒は90人以上いる。

③ 60点未満の生徒は半数以上いる。

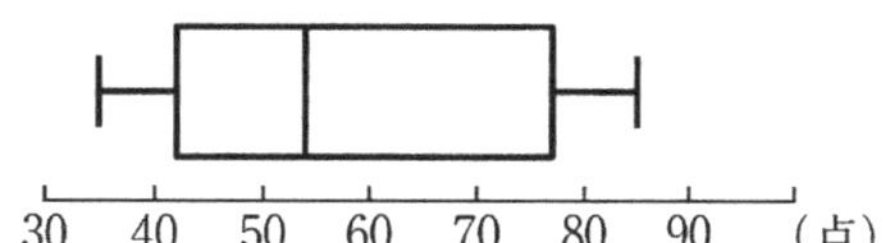

(8) 下の図のように，高さ4mの街灯ABのそばに身長150cmの人PQが立っています。街灯の真下から，立っている位置までの距離BQが5mのとき，この人の影の長さQCは何mになるか求めなさい。

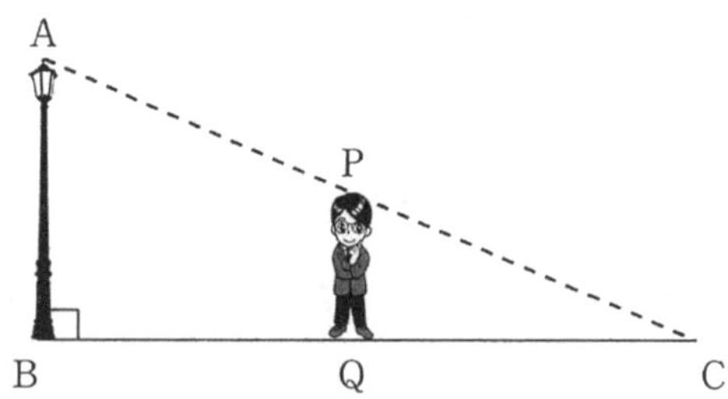

(9) 右の図のように，4点A，B，C，Dは円Oの周上の点であり，線分BDは円Oの直径でAC = CDである。∠ADB = 18°のとき，∠xの大きさを求めなさい。

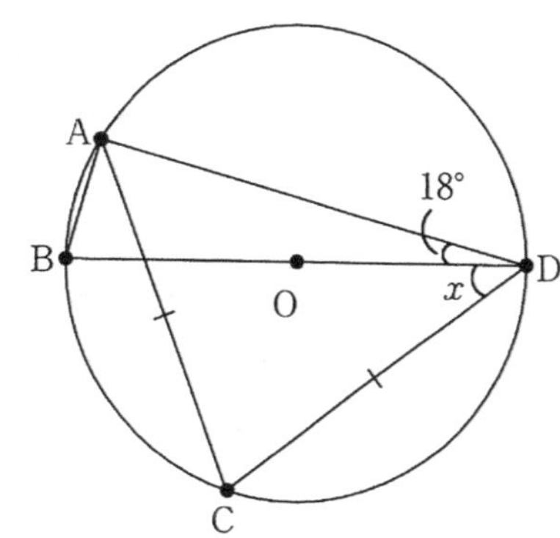

(10) 右の図のような円すいの形をした容器があり，4 cmの深さまで水が入っています。あと何cm^3の水を入れると，この容器は満水になるか求めなさい。ただし，円周率はπとする。

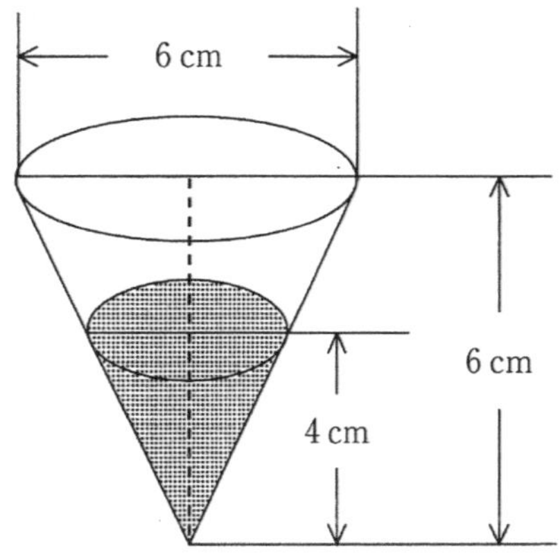

2 右の図のように，辺ABの長さが20 cm，辺BCの長さが40 cmの長方形ABCDがある。点Pは辺AB上を毎秒1 cmの速さで頂点Aから頂点Bまで進む。また，点Qは辺BC上を毎秒2 cmの速さで頂点Bから頂点Cまで進む。点Pと点Qが同時にそれぞれ頂点A，Bを出発するとき，次の(1)，(2)の問いに答えなさい。

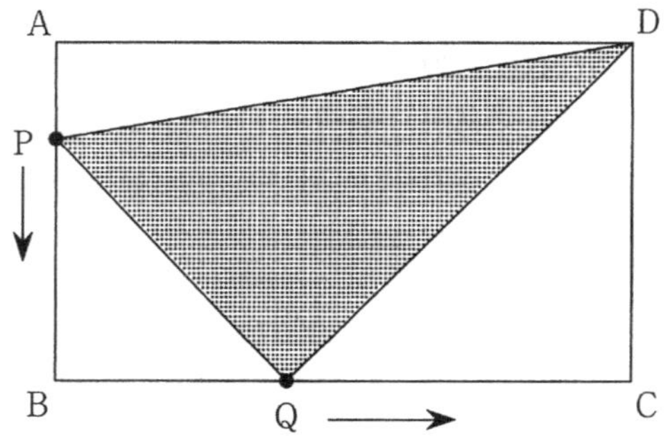

(1) 点P，Qが出発してからx秒後の△PDQの面積をxを用いて表しなさい。

(2) △PDQの面積が309 cm^2となるのは，点P，Qが出発してから何秒後かすべて求めなさい。

3 大小2つのさいころがある。大きなさいころの各面には1から6までの数字が1つずつ書かれており，小さなさいころの各面には11から16までの数字が1つずつ書かれている。この2つのさいころを同時に投げるとき，次の(1)，(2)の問いに答えなさい。

(1) 大小2つのさいころの出た目の数の和が3の倍数になる確率を求めなさい。

(2) 大小2つのさいころの出た目の数の積が素数になる確率を求めなさい。

問 3		※
問 4		※
問 5	(1)	※
	(2)	※
問 6		問 7

5 | | | | | ※

6 | | ※

2023 特進　英語

紙

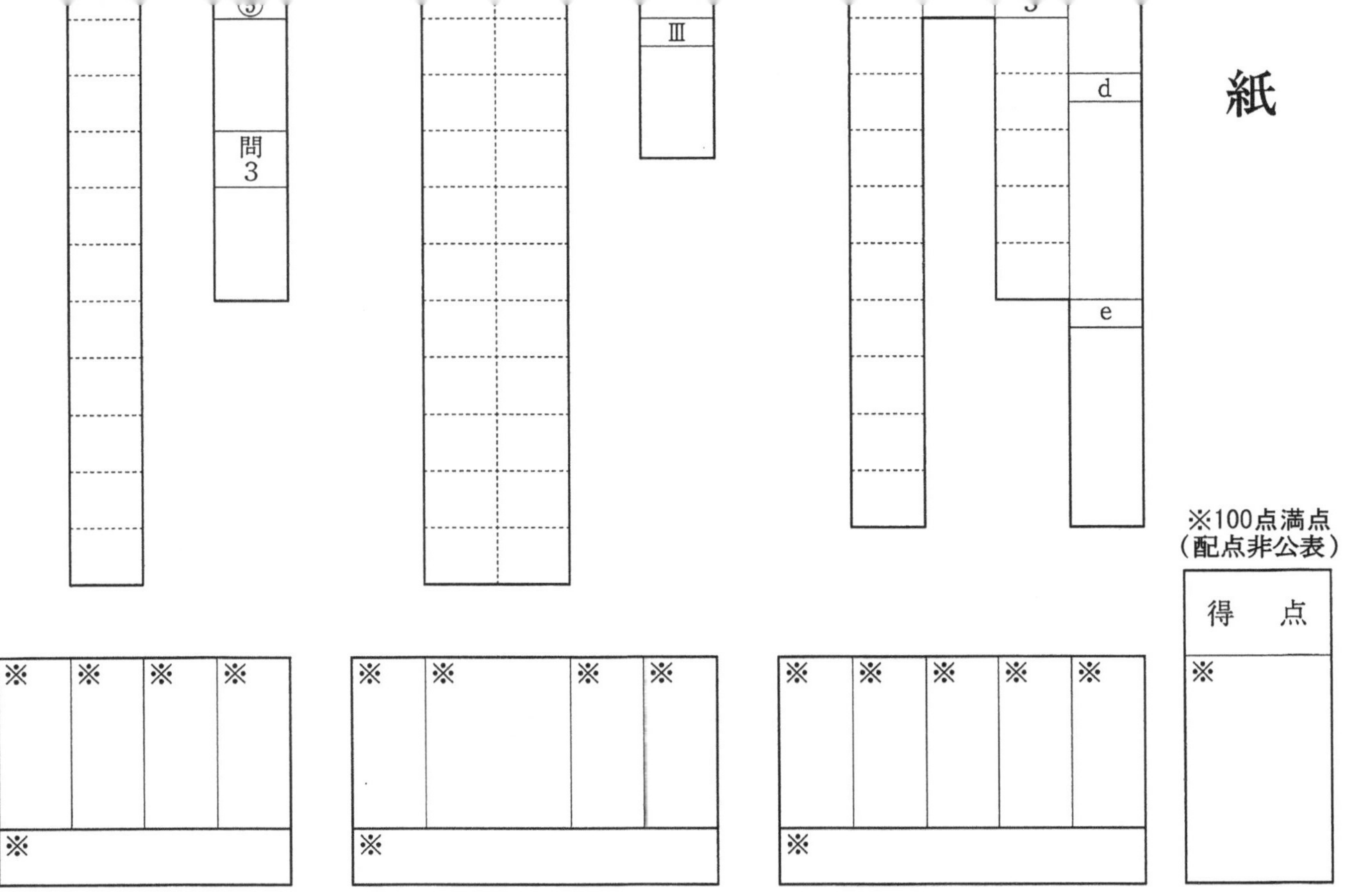

※100点満点
（配点非公表）

得　点
※

2023 特進　国語

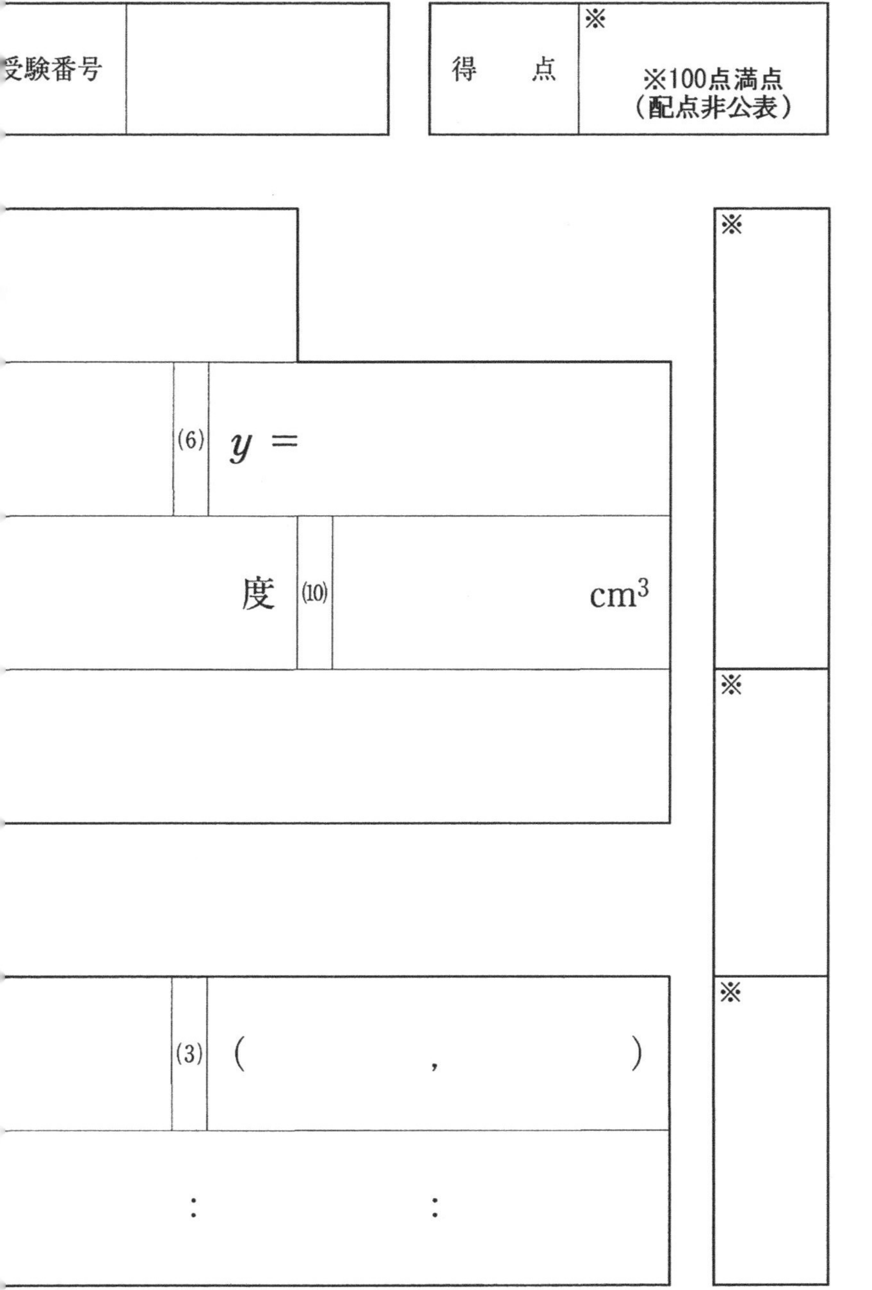

受験番号	

得　点	※ ※100点満点（配点非公表）

	(6)	$y =$	※
度	(10)	cm^3	
			※

	(3)	（　　，　　）	※
:		:	

4 右の図のように，関数 $y=-x^2$ …①のグラフと関数 $y=2x^2$ …②のグラフがある。①のグラフ上の点Aの x 座標を -1，②のグラフ上の点Bの x 座標を -2 とし，点Cの座標を $(1,\ 2)$ とする。このとき，次の(1)～(3)の各問いに答えなさい。ただし，点Oは原点とする。

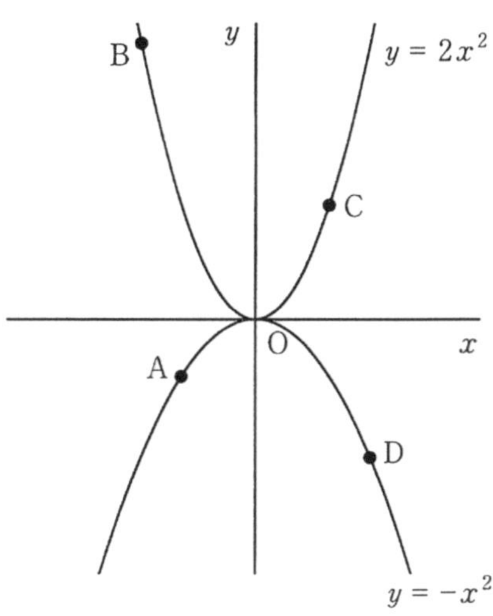

(1) 2点A，Bを通る直線の式を求めなさい。

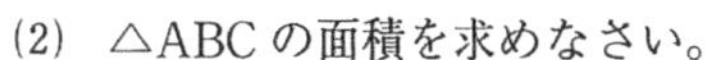
(2) △ABCの面積を求めなさい。

(3) ①のグラフ上に点D $(2,\ -4)$ をとる。このとき，点Cを通り，四角形ABCDの面積を2等分する直線と直線ABの交点の座標を求めなさい。

5 下の図のように，AB ＝ 3 cm，BC ＝ 4 cm，CA ＝ 2 cm の△ABCがあり，辺BC上に∠BAD ＝∠CADとなるような点Dをとり，直線CA上に∠CAD ＝∠CBEとなるように点Eをとる。このとき，次の(1)～(3)の各問いに答えなさい。

(1) 線分BDの長さを求めなさい。

(2) 線分CEの長さを求めなさい。

(3) △ABEと△ABDと△ACDの面積比を最も簡単な整数の比で表しなさい。

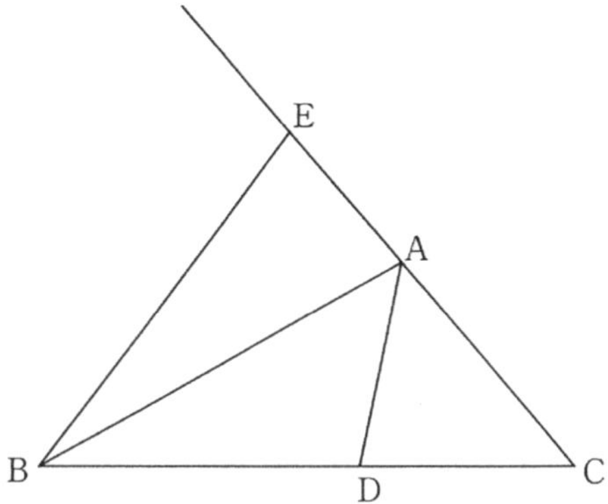

英　語　解　答　用　紙

受験番号	

得　点	※ ※100点満点（配点非公表）

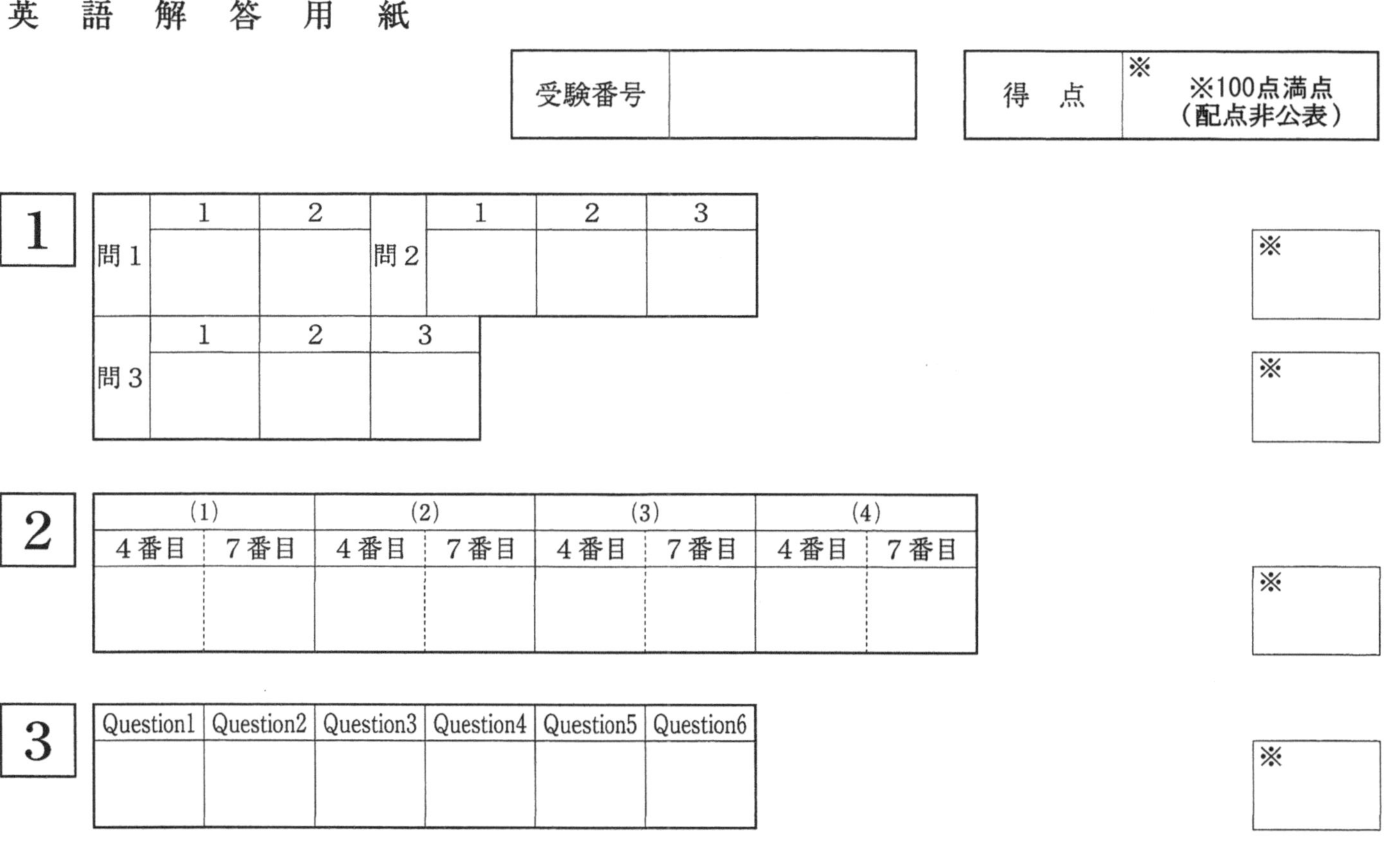

1

問1	1	2	問2	1	2	3

問3	1	2	3

※

※

2

(1)		(2)		(3)		(4)	
4番目	7番目	4番目	7番目	4番目	7番目	4番目	7番目

※

3

Question1	Question2	Question3	Question4	Question5	Question6

※

【解

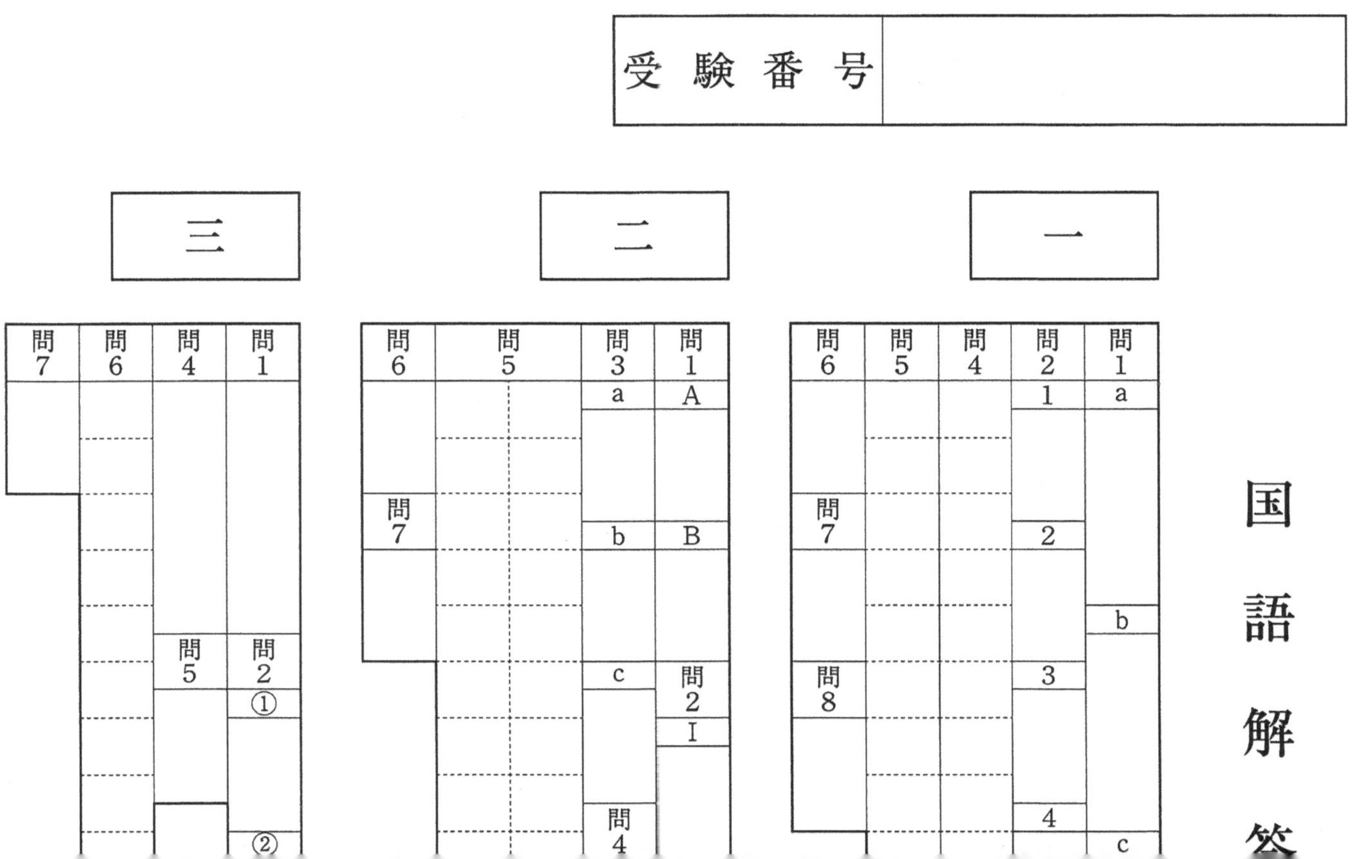

国語解答

受験番号

一

問1 a b c
問2 1 2 3 4
問4
問5
問6
問7
問8

二

問1 A B
問2 I
問3 a b c
問4
問5
問6
問7

三

問1
問2 ① ②
問4
問5
問6
問7

【解

数 学 解 答 用 紙

<table>
<tr><td rowspan="3">1</td><td>(1)</td><td></td><td>(2)</td><td></td></tr>
<tr><td>(4)</td><td></td><td>(5)</td><td>$x =$</td></tr>
<tr><td>(7)</td><td></td><td>(8)</td><td></td></tr>
<tr><td>2</td><td>(1)</td><td colspan="3">cr</td></tr>
<tr><td>3</td><td>(1)</td><td></td><td>(2)</td><td></td></tr>
<tr><td>4</td><td>(1)</td><td>$y =$</td><td>(2)</td><td></td></tr>
<tr><td>5</td><td>(1)</td><td>cm</td><td>(2)</td><td>c</td></tr>
</table>

前　期

令和５年度普通科 文理進学コース／総合コース／保育コース 入学試験問題

（第１限）

英　語

（50分）

（注　意）

1 「始め」の合図があるまで開いてはいけません。

2　問題は全部で８題あり，７ページまでです。

3 「始め」の合図があったら，まず解答用紙に受験番号を書きなさい。

4　すぐに「放送による聞き取りテスト」があります。放送の指示に従って答えなさい。「聞き取りテスト」が終わったら，次の問題へうつりなさい。

5　答えは，すべて解答用紙に書きなさい。

6　解答用紙の※印のところは記入しないでください。

7　印刷がはっきりしないでわからないときは，黙って手を挙げなさい。

8 「やめ」の合図で，すぐに鉛筆を置きなさい。

※音声と放送原稿非公表

1 「放送による聞き取りテスト」を行います。問題はそれぞれ2回ずつ放送します。放送中にメモをとってもかまいません。放送を聞いて問1～問3に答えなさい。

問1 英語の質問を聞き、図や表が示す内容に合う答えを選ぶ問題です。質問に対する答えとして最も適当なものを、ア～エの中から1つ選び、記号を書きなさい。

1番

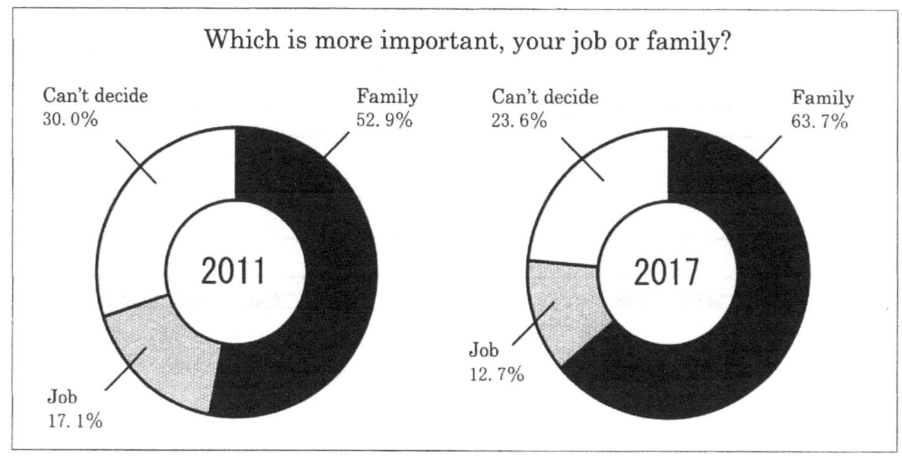

ア Yes, they were.　　イ Yes, they did.
ウ No, they didn't.　　エ No, they weren't.

2番

Title	Time	Language
A Wonderful Life	10:00 a.m. - 11:30 a.m.	English
A Wonderful Life	10:30 a.m. - 12:30 p.m.	Japanese
Great Islands	1:30 p.m. - 3:00 p.m.	Japanese
Great Islands	3:00 p.m. - 5:00 p.m.	English

ア At 10:00 a.m.　　イ At 10:30 a.m.
ウ At 1:30 p.m.　　エ At 3:00 p.m.

問２　イラストの内容に合う英文を選ぶ問題です。それぞれのイラストの説明として読まれる英文のうち最も適当なものを、ア～ウの中から１つ選び、記号を書きなさい。

１番

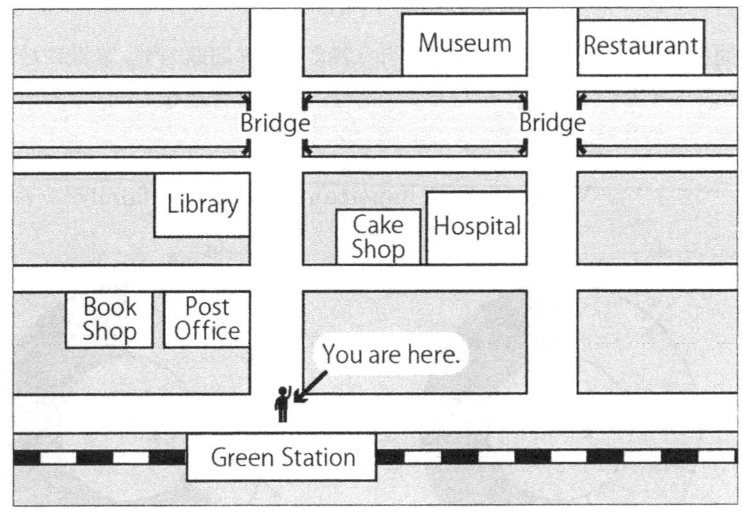

２番

3番

問3　高校生のアキラが留学生のリサに、学校の図書館の使い方について説明をします。話のあとに続けて読まれる3つの質問に対する答えとして最も適当なものを、ア～エの中から1つ選び、記号を書きなさい。

1番　ア　From Friday to Sunday.
　　イ　On the third Tuesday of every month.
　　ウ　From 9:30 in the morning to 5:00 in the afternoon.
　　エ　During summer and winter vacations.

2番　ア　Up to 3.
　　イ　Up to 5.
　　ウ　Up to 7.
　　エ　Up to 10.

3番　ア　Learning how to use the school library.
　　イ　Reading Japanese newspapers and books.
　　ウ　Using the computers in the library.
　　エ　Asking the staff about the school library.

＊これで「放送による聞き取りテスト」を終わります。

2 次の各文の（　　）に入る最も適切なものをア～エから１つ選び、記号で答えなさい。

（１） I have a book (　　　) in English.
ア write　　イ wrote　　ウ written　　エ writing

（２） I'm looking forward (　　　) to her concert.
ア go　　イ going　　ウ to go　　エ to going

（３） Are you (　　　) or against our plan?
ア without　　イ for　　ウ during　　エ from

3 次の各組の英文がほぼ同じ意味になるように、（ ※ ）に入る最も適切な語をそれぞれ英語１語で答えなさい。

（１） English is easier for me than math.
Math is (　　　) (※) for me than English.

（２） I enjoyed myself at the party last night.
I (　　　) a good (※) at the party last night.

（３） Music is interesting to me.
I am (※) (　　　) music.

4 次の日本文に合うように（　　）内の語（句）を並べかえるとき、３番目と５番目にくる記号をそれぞれ答えなさい。ただし、文頭の語も小文字にしています。

（１） あなたに美術館へ行く道を教えてあげましょう。
〔 ア the way / イ I'll / ウ you / エ the museum / オ show / カ to 〕.

（２） 私たちがその仕事を一日で終わらせることは不可能だ。
〔 ア for / イ it's / ウ to / エ us / オ impossible / カ finish 〕the work in a day.

（３） 私たちはあなたにその試合に勝って欲しい。
〔 ア to / イ want / ウ we / エ you / オ win / カ the game 〕.

5 次の英文の（ 1 ）から（ 4 ）に入る最も適切な文をア～オから選び、記号で答えなさい。

Sakura has a friend in Boston. Her name is Olivia. One day Sakura got a telephone call from her.

Sakura： Hello. Good morning. （ 1 ）
Olivia： Good evening, Sakura. This is Olivia. Thank you for sending me the Japanese comic books for my birthday.
Sakura： You're welcome. （ 2 ）
Olivia： I love them. I study Japanese every evening. Reading these comic books will help me a lot! By the way, you said "Good morning," but it's Saturday evening, January 21st here. What time is it now in Japan?
Sakura： Nine o'clock Sunday morning, January 22nd. （ 3 ）
Olivia： The other day I studied time differences. There are different standard times here because America is very large.
Sakura： A new day begins earlier in Japan than in Boston. If I fly to Boston just after my birthday party in Japan, （ 4 ）
Olivia： Please come here on your birthday. I will give you another present.
Sakura： Sounds great!

ア The time difference between our two countries is large.
イ I can have another birthday party there on the same day.
ウ I wish you were in Japan.
エ This is Sakura speaking.
オ I hope you like them.

6 あなたは英語の授業で、兄の直樹（Naoki）について紹介します。「直樹についてのメモ」から３つのことがらを選び、書き出しの文の他に３つの紹介文をそれぞれ４語以上の英文で書きなさい。

― 直樹についてのメモ ―

・ピアノを９年間習っている。	・読書が好きである。
・家族の中で一番早く起きる。	・友人はナオ（Nao）と呼んでいる。
・多くの人から好かれている。	・将来の夢は音楽の先生である。

〔書き出しの文〕 I will tell you about my brother Naoki.

7 次の英文を読み、あとの問いに答えなさい。

What is a ‘falling star’? Some people call it a ‘shooting star.’ At night, look up at the stars. Maybe you will see a light moving across the sky. When you see the moving light, you may think a star is falling from the sky.

This happens every night. If you can't see any, when you look at the sky, try looking at a different place in the sky. I'm sure you will see some. Just wait.

If you use a *telescope, you can see many more shooting stars. Because a lot of them are far away, they cannot be ①(　　) without a telescope.

What are these moving lines of light? They are not stars. Stars do not fall or shoot across the sky. They are pieces of stone or iron. Most of them are very, very small. They fall through the sky, and then they fly through the air. While they are going through the air, ②<u>they become (　) hot and shiny (　) we can see them.</u> They get hotter and hotter, and ③<u>most of them burn up before they get to the earth.</u> Some people call them ‘fire balls’ because they look like balls of fire. Some of the bigger ones fall all the way and hit the earth. They are called *meteorites.

Sometimes bigger meteorites hit the earth. Usually they weigh only a few kilograms, but a very heavy one ④(　　) to the earth before. In America some people once found a big hole in the ground. They studied the hole. They found that it was made by a meteorite and this hole was many thousands of years old. When will the next big meteorite fall?

* telescope　望遠鏡　　* meteorites　隕石（いんせき）

（1） 空所①、④に入る最も適切な語を次のア～ウからそれぞれ選び、記号で答えなさい。

① ア saw　イ seen　ウ seeing

④ ア falls　イ is falling　ウ has fallen

（2） 下線部②が「それらはとても熱くなり輝くので、私たちはそれらを見ることができます。」の意味になるように、（　　）に入る適切な英語を答えなさい。

（3） 下線部③を日本語に直しなさい。

（4） 本文の内容と一致しないものをア～エの中から１つ選び、記号で答えなさい。

ア Look at the sky at night, and you will see a moving light.

イ Moving lines of light are not stars.

ウ Some of the bigger pieces of iron or stone hit the earth and we call them meteorites.

エ Thousands of meteorites fell in America a few years ago.

8 次の英文を読み、あとの問いに答えなさい。

A long time ago, robots were only on TV, in movies or read about in books. Today, robots are becoming a part of our daily lives. These robots are very useful. With new technology, robots can do many things humans can't. For example, they can go to dangerous places, help people who can't walk and do jobs more quickly than humans.

Have you ever seen an *exoskeleton? This is a kind of robot that people wear. Scientists have been working for a long time to make these exoskeletons. Exoskeletons look like something from a science fiction movie. When people wear them, they can do amazing things. Exoskeletons can make your body stronger so people can carry heavy things easily, or even help people who can't walk.

Let's look at an example. In 2007, Clair Lomas became *paralyzed in an accident, she couldn't use her legs or walk. In 2012, she finished a marathon. It took her a long time, but she finished. How did she do something so amazing? She used an exoskeleton called ReWalk. ReWalk was the first exoskeleton people could use at home. Now, exoskeleton robots are becoming smarter. After an accident, some people can walk again if they get help. *Physical therapists help people learn how to walk again. A smart exoskeleton robot called Ekso is very useful for physical therapists and their patients. Ekso helps people walk and slowly helps less and less until the person can walk by themselves.

Some exoskeletons can be used to control other robots. For example, the *European Space Agency have built an exoskeleton that people wear, and when they move, they can control a robot. This means in space, *astronauts can control robots to do dangerous jobs.

* exoskeleton：パワーアシストスーツ　　* paralyzed：不随になった
* physical therapists：理学療法士　　* European Space Agency：欧州宇宙機関
* astronauts：宇宙飛行士

問　次の１～７から本文の内容と一致するものを３つ選び、番号で答えなさい。

1 Exoskeletons were made by scientists a long time ago.
2 When we wear an exoskeleton, we can do many things only on TV.
3 An exoskeleton has already played an important role in helping people.
4 An exoskeleton makes our arms and legs very strong, so people with an exoskeleton can run fast.
5 Clair Lomas was able to finish a marathon with an exoskeleton.
6 Smart exoskeletons called Ekso are light, so they help people walk easily.
7 Exoskeletons can be used in space to do things when it may be dangerous.

2023(R5) 龍谷高　文理進学・総合・保育
教英出版

前期

令和５年度普通科 文理進学コース 総合コース 保育コース 入学試験問題

（第２限）

国　語

（50分）

（注　　意）

1　「始め」の合図があるまで開いてはいけません。

2　問題は全部で３題あり、13ページまでです。

3　「始め」の合図があったら、まず解答用紙に受験番号を書きなさい。

4　答えは、すべて解答用紙に書きなさい。

5　解答用紙の※印のところは記入しないでください。

6　印刷がはっきりしないでわからないときは、黙って手を挙げなさい。

7　「やめ」の合図で、すぐに鉛筆を置きなさい。

2023(R5) 龍谷高　文理進学・総合・保育
K 教英出版

一　次の各問いに答えなさい。

問1　次の①・②の□に当てはまる漢字一字を書いて四字熟語を完成させ、その意味として適当なものを次のア～オの中からそれぞれ選び、記号を書きなさい。

①　自□自得

②　温□知新

ア　過去の因縁に応じて報いがあるということ　　イ　自分の行動の報いを自分で受けること

ウ　今までに聞いたことのないめずらしいこと　　エ　言動に根拠がなく現実味がないこと

オ　古い事柄を学んでそこから新しい知識を見出すこと

問2　次の①・②のカタカナ語の意味として最も適当なものを次のア～オの中から選び、記号を書きなさい。

①　アクセス

②　ジェンダー

ア　コンピュータの応用ソフト　　イ　インターネットなどでやりとりする個々の情報

ウ　コンピュータでデータの読み出しや書き込みをすること　　エ　社会的、文化的性差

オ　最低限の安全や安心を保障する社会制度や対策

問3　次の①・②の文の――線部の語の意味と最も近い意味で用いられているものを、次のア～エの中からそれぞれ選び、記号を書きなさい。

①　この時期になると体調を崩しがちだ。

ア　雨が降ろうと、試合は決行する。　　イ　夏になるとスポーツドリンクがよく売れる。

ウ　ぽたりと汗が落ちた。　　エ　家族とキャンプにでかける。

②　授業の出欠をとる。

ア　本を手にとる。　　イ　全国大会でタイトルをとる。

ウ　十分な栄養をとる。　　エ　患者の脈をとる。

問4　次の①・②の文の――線部を正しい敬語表現に直して書きなさい。

①　この品をお礼としてやる。

②　美しい着物を着ている。

問5　文学作品とその成立した時代の組み合わせとして正しいものを次のア〜オの中から一つ選び、記号を書きなさい。

ア　『徒然草』　―　平安時代

イ　『古今和歌集』　―　鎌倉時代

ウ　『平家物語』　―　室町時代

エ　『方丈記』　―　江戸時代

オ　『万葉集』　―　奈良時代

二　次の文章を読んで、あとの問いに答えなさい。（設問の都合上、表記の変更や本文の一部の中略がある）

現在のＡＩ研究のヒヤク[a]的発展を支えているのは機械学習という手法です。人間が子どもから大人になっていく過程で、多くのことを学んでかしこくなっていくように、コンピュータが自ら学んでかしこくなっていくようにするという戦略です。ある一定のデータから機械が学習することによって、精度を上げていきます。

機械学習では、大量のデータからの学習を繰り返していくことで、その結果を法則化していきます。ここででてくる法則のまとまりをＡＩモデルということもあります。この反復学習で、対象となるモノのトクチョウ[b]をつかんでいきます。事実と規則をあらかじめ人間が与えるのとは大きく異なり、機械学習の場合、データが多ければ多いほど学習が進み、作られるＡＩモデルの精度が上がっていきます。そしてこのモデルを新たなデータに対して、判断する基準となっています。

（　中略　）

自分でどんどんかしこくなっていく機械が現実にできあがっていくのはすばらしいことですが、①ここで問題も出てきます。私たち人間は良いことだけを学んでいるわけではありません。ちょっとズルをして上手くいったら、またそれをしたくなってしまう。勉強をサボっても期末試験でたまたまうまくいくなら、次も最低限のことしかしない、なんていう経験はありませんか？

機械学習では、ズルをする、サボる、ということはしませんが、誤った結果を導いてしまうことがあります。膨大なデータをもとに学習していくので、そのもととなるデータに偏りや誤りがあったらどうでしょう。（　1　）、良いリーダーを予想する問題を考えます。二一世紀になって、国家のリーダーに女性がとても増えてきました。国際機関や産業界にも増えてきました。でも過去のリーダーのデータを読み込んで、将来どういう人がふさわしいかを予想させると、過去には男性が多いことから、「男性の方がふさわしい」というような結果を導いてしまうことがあります。

これは②バイアスと呼ばれています。バイアスは、斜め、ケイコウ[c]、偏コウ、先入観を意味します。私たち自身も「バイアス」を持っています。例えば外国人と聞いてあなたはどんな姿を思い浮かべますか？　白人で、金髪で、英語を話す背の高い人というイメージを持つ人が多いのではないでしょうか。政治家や研究者、会社の社長と聞いて、男性を思い浮かべませんか。保育士、看護師、介護従事者、と聞いた時、そこに女性を思い浮かべる人のほうも多いかもしれません。

ＡＩを使って、ある地域に暮らす人たち一人ひとりが、どれぐらい犯罪を犯しやすい人物かが予想できたとします。それは社会にとって、また地域住民にとってありがたいことでしょうか。犯罪を未然に防ぐことにつなげるわけですから、ｄ一見すると良いことのように思われますが、③ここに問題はないでしょうか。導き出された結果は、あくまでも予想であることを覚えておいてください。

実際に米国では、再び罪を犯す可能性を判定するシステムが開発されました。犯罪のｅ履歴や年齢、学年、ショク歴、生活レベル、地域との関係、薬物使用履歴、宗教、家族の犯罪歴を入力すると、犯罪に関するこれまでの膨大なデータから結論を導き出します。（　２　）一度罪を犯すと、未来の犯罪者予備軍として認知されてしまうというわけです。このシステムを、私たちの日常生活に活かすことに何か問題はないでしょうか。またこうした情報を誰がどのように扱うかで、さらなる問題が出てきます。そこに示されているのは、あくまで可能性であって実際の罪ではありません。

また、こんな研究もありました。画像に写った人物の性別を判断するプログラムで実験したところ、白人男性の正解率は高くても、女性や浅黒い肌の色の人種では低いことがわかりました。その理由を探ってみたところ、プログラムが学習するためのデータセット（データの集まり）に偏りがあったことが判明しました。白人男性のデータが、女性のデータや肌の色が異なる人のデータに比べて多く存在したのです。データが少なければ、十分に学習は進みません。そのような状況で、浅黒い顔の男性にある種の動物であるという偏見のあるタグがついてしまった問題も起こりました。そしてそれを解決しようと、新しい研究プロジェクトが始まりました。

データに偏りがあったり、誤ったものが含まれていたりすることから起こるAIのバイアスの問題を修正していくためには、そこで使われている技術やデータを公開していく、正解率を公開していく、そして問題が見つかれば開発者はそれを迅速（じんそく）に修正していくなどの対策が必要です。

④それだけではありません。私たち人間の過去の歴史には、人を差別したり、偏見に満ちた呼び方や考え方が多くありました。それらを時間がかかっても改善しなくてはなりません。バイアスのかかった過去の膨大なデータをそのまま学習させれば、大きな誤った結果を導いてしまうことになるからです。これはAIの技術者だけの問題ではなく、私たち一人ひとりが、そしてみんなで技術やデータの信頼性と透明性を高めていく、たゆまぬ努力が必要なのです。

（美馬　のゆり『AIの時代を生きる　未来をデザインする創造力と共感力』岩波ジュニア新書より）

問1　――線部a～eのカタカナは漢字に直し、漢字は読みをひらがなで書きなさい。

問2　（　１　）、（　２　）に入る言葉として最も適当なものを、次のア～エの中からそれぞれ選び、記号を書きなさい。

ア　つまり　　イ　例えば　　ウ　しかし　　エ　ところで

問3 ――線部①「ここで問題も出てきます」とあるが、機械学習における「問題」とは何か。三十五字以内で説明しなさい。

問4 ――線部②「バイアス」とあるが、その具体例として適当でないものを、次のア～エの中から一つ選び、記号を書きなさい。

ア いつも一番前で授業を受けている彼女は真面目な生徒であるため、成績が良いだろう。

イ 運勢占いでも、手相占いでも一位だったので、今日は良い日になるだろう。

ウ この商品はSNSで評価が高いので、良い商品に違いないだろう。

エ 階段にスロープをつけると、高齢者や車椅子利用者の上り下りが楽になるだろう。

問5 ――線部③「ここに問題はないでしょうか」とあるが、「ここ」の指すものとして最も適当なものを、次のア～エの中から選び、記号を書きなさい。

ア 地域住民の意思とは関係なく予想を立てること。

イ どれくらい犯罪を犯しやすい人物か予想すること。

ウ 人々が機械の出した予想を過剰に信じること。

エ 危険な人物を判定し、住民の不安を煽ること。

問6 ――線部④「それだけではありません」とあるが、筆者はどのようなことを述べようとしているか。最も適当なものを、次のア～エの中から選び、記号を書きなさい。

ア AIの質を上げるためには、デバイスの問題を修正するだけでなく、AIに学習させていく側である私たち自身のバイアスも取り払い、データの精度を高めなくてはいけないということ。

イ AIデバイスは、まだまだ精度が十分でないため正解率が低いという問題があるだけでなく、学習させた情報が古ければ古いほど誤った結果を導き出してしまうということ。

ウ データに偏りがあると、AIの出した結果に信憑性がなくなってしまうだけでなく、開発者に対する信頼も失われる可能性があるため、早急に問題を解決しなくてはいけないということ。

エ データに偏りがあった場合、問題があったデバイスを公開するだけでなく、これからどのように機械を修正していくか対応の指針を示さなくてはいけないということ。

問7　本文の内容と合致するものを、次のア～エの中から一つ選び、記号を書きなさい。

ア　人間側も共に進歩し変わっていかなければ、ＡＩの進歩が必ずしも社会にとって良い影響を与えるとは言い切れない。

イ　現在のＡＩは差別や偏見を助長するだけでなく、個人情報を漏洩（ろうえい）させる危険性もあるため、開発者は技術の向上を目指すべきだ。

ウ　機械は私たちの生活になくてはならない便利なものだが、それに頼ってばかりいると自分自身で判断して考える力が低下する。

エ　良い結果ばかりを導き出すと思われるデバイスも、どこかに欠陥があるため、様々な角度から物事を考えるべきである。

三 次の文章を読んで、あとの問いに答えなさい。（設問の都合上、表記の変更や本文の一部の中略がある）

高校生の梓は、母と、母の再婚相手で「あいつ」と呼んでいる父と暮らしている。本当の父とは小さい頃に別れたきりであったが、梓は本当の父が毎月お小遣いを振り込んでくれているという預金通帳の束を肌身離さず持ち歩いている。大雪警報が出て学校が早く終わったある日、梓は友人の奈美とハンバーガーショップに立ち寄る。雪の中をどうやって帰るか考えていた梓に、奈美は「おやじに迎えにきてもらえばいいじゃん」と言った。梓はこの日、奈美に自分の父が本当の父ではないことを打ち明けようとしていた。

ハンバーガーをかじりながら、二人はぼんやりと窓ごしの雪景色を眺めた。

※お不動様の裏山は、すでに木々が撓むほど雪を冠っている。吹き荒れる空のきわみに、ときどき銀の皿を置いたような太陽が見え隠れしていた。

告白の端緒が掴めずに、梓は黙りこくってしまった。登校するときは駅で待ち合わせるが、梓は毎日がバレー部の練習で、試験前でもなければ奈美と帰ることはない。きょうの日をaノガせば、永久に秘密を囲ってしまいそうな気がした。

「あのさ、梓。よけいなことかもしんないけど、おやじのこと、あいつっていうの、やめたほうがいいよ」

①話の匣を奈美が開いてくれた。

「あいつだよ。だって、おやじじゃないもん」

奈美は頭がいい。聞き流すはずの一言を、ストローをくわえたまま息をつめて受け止めてくれた。

「それって、どういう意味」

「だからァ、ほんとのおとうさんじゃないの。あたしがちっちゃいときに離婚してさ、小学校に入るころにおかあさんとあいつが結婚したってわけ。よりにもよってあんな臭いのと」

「それ、マジ」

「マジ」

長い睫毛を伏せてしばらく考えこんでから、奈美は「ショック」と呟いた。

「ほんとのおとうさんは」

と、奈美は似合わぬためらいがちの声で訊ねた。②訊かれなければ言えぬことだった。心の奥を読み取るような聡明さが有難かった。

「忘れちゃったよ。いっぺんも会ってないから。あいつの友達なんだ」
「フクザツ」
「そう。高校の同級生だってさ。ほんとのおとうさんとは仲が良くって、あいつったら家に遊びに来て、一緒にお酒飲んだりしてたんだよ」
「そういうのは覚えてるんだ」
「うん。お酒飲みながら、二人で野球を見てた。高校生のときは、二人とも野球部でさ。甲子園に出たんだって。おとうさんはピッチャー。一回戦で負けたから、プロにはなれなかったの」
「だとすると、ペンキ屋のパパさんはキャッチャー」
「なに、それ」
「イメージとして」
「はずれ。おとうさんはエースで、あいつはベンチにも入れなかったんだって。ほら、ユニフォームだけ着て、メガホン持ってスタンドにいるやつ。ダッセー」

梓は毒を吐いていた。だが、なかばお道化(どけ)て蔑(b)む言葉を口にするたびに、奈美は笑わなくなった。

父はプロ野球の選手にこそなれなかったけれど、※六大学のリーグでもカツヤクして、※ノンプロ球団を持つ大会社にシュウショク(c)した。野球はやめたが、エリートサラリーマンにはちがいなかった。

背が高く、颯爽(さっそう)とした印象のほかに、父の記憶はない。アルバムの写真も、父の写っているものはなくなっていた。

「梓、あたしは親友だからね」

顔を覗きこんで、同情するのではなくきっぱりと、奈美は言ってくれた。吐きちらした毒を、奈美は両手で掬(すく)ってくれた。

「誰にも言っちゃやだよ」
「だからァ、あたしは梓の親友だからね」
「言わないでよ」
「言うわけねえだろ」
「あいつのことも、おかあさんのことも、もう口にしないでよ。すっごくいやなんだ。話題にしてほしくない」

まっすぐ自分の目を見つめる奈美の視線に、梓は脅えた。秘密をうちあけるだけのつもりが、奈美は梓の秘密に踏みこんでくる。③親友だからね、と重ねて言ったのは、心に踏み込む覚悟を決めたのだろう。

「やっぱ、そういうのよくないよ。梓はほんとのおとうさんと別れて、今のパパとずっと暮らしてかなきゃなんないんだから、あいつなんて呼んだり、臭いとか汚いとか言ったりするのはよくないよ。聞いてんの」

「聞いてるよ」

「うざったいって思ってない？」

話してしまったことを、梓は悔やんだ。秘密をうちあければ奈美は同情してくれて、これからは軽口を叩かなくなるだろうと思っていた。まさか説教をされるとは考えてもいなかった。

《　中略　》

ひとつだけはっきりとした記憶があった。小雪の舞う冬の日に、あいつと二人で動物園に行った。猿山を眺めながら、あいつはペンキの匂いのするワークコートの中に梓をくるみこんで、まるでプロポーズでもするみたいに言ったのだった。

なあ、アッちゃん。俺を、アッちゃんのパパにしてくれねえか。

なぜかその言葉だけは、きのうのことのように覚えている。ようやく絞り出すような声も、たくましい腕のおののきさえも。

《　中略　》

ガラスの向こうに、のそりと人影が立った。軍手の指先でこびりついた雪をハラい、面白くもおかしくもない大きな顔を梓に向ける。

何て愛想のない人だろうと、梓はあきれた。

「はい、お迎え」

携帯電話機をこれ見よがしにつき出して、奈美は笑う。

「やだ。何てことするのよ」

「梓が電話できないから、あたしがしてやったのよ。その靴でさ、こけずに帰れるわけないじゃん」

励ますように梓の腕を掴んで、奈美は立ち上がった。

《　中略　》

信号を渡り、雪に印された作業靴の踏跡（ふみあと）を追って歩いた。梓の足がすっぽり入ってしまう、雪男みたいな足跡。

溢れる言葉が咽(のど)にからみついた。奈美に対する告白が、実は告白の序走※だったことに梓は気付いた。ほんとうの告白をしなければならない相手は奈美ではなかった。だが、ともかく奈美の力を借りて疾走しなければ、とてもこのハードルを飛び越えられはしない。

家に帰ってから話すつもりでいたが、願ってもない告白の機会を奈美が用意してくれたのだった。

「あのさ」

大通りを曲がって、造成地※に登りかけたところで梓は勇気を奮った。

「あのさ、もういいよ」

たった一言で、意志は通じた。ワークコートの背中がびくりとチヂ(e)んだように見えた。

「何が」

「とぼけなくたっていいよ。④あたし、わかってるんだから」

用意していたていねいな言葉は、みな忘れてしまった。立ちすくむ背中を捉(つか)まえて、梓は預金通帳の束をワークコートのポケットに押しこんだ。

「お金、使ってないから。何も買ってないからね。おかあさんのお誕生祝いと、去年の父の日のお財布だけだよ。自分のことには何も使ってないから」

父の日のプレゼントには、⑤告白の手紙を添えようとして、破り棄ててしまった。何度も書き直した手紙だったのに、勇気がなかった。

あいつと呼ぶほかに、この人を何と呼べばいいのだろう。告白の勇気のほかに、父と呼ぶ勇気を、梓はまっくらな胸の底に奮い起こさねばならなかった。

父は、雪のしみたワークコートを脱いで、梓の肩にかけてくれた。そこから黙りこくったまま、雪の上に背を向けて屈(かが)んだ。

「チェーン巻くより楽だ」

父のワークコートはペンキの匂いがした。十年前に動物園の猿山で、このコートにくるみこまれた。

なあ、アッちゃん。俺を、アッちゃんのパパにしてくれねえか。

よほど勇気を奮ったにちがいない若い父の告白に、答えた記憶はない。もし何かを言ったとしたら、「イヤ」という一言だったにちがいない。

たぶん、そう答えてしまったのだろう。

両手を腰に回した父の後ろ姿を見つめながら、梓は泣いた。

（浅田　次郎『告白』「月下の恋人」所収　光文社文庫より）

※お不動様……不動明王を祀った寺院

※六大学のリーグ……早稲田大学・慶應義塾大学・法政大学・明治大学・東京大学・立教大学の六校からなる野球リーグ

※ノンプロ球団……実業団などの社会人野球チーム

※序走……「助走」（スポーツ競技などで勢いをつけるために走ること）の「助」をあえて「序」（物事のはじまり）と表記した筆者の造語（筆者が独自に作ったことば）かと思われる

※造成地……住宅などを建設するために整備された土地のこと

問1　――線部a～eのカタカナは漢字に直し、漢字は読みをひらがなで書きなさい。

問2　――線部Ⅰ「軽口を叩か」、Ⅱ「おののき」とあるが、Ⅰ「軽口を叩く」、Ⅱ「おののく」の意味として最も適当なものを、次のア～エの中から選び、記号を書きなさい。

Ⅰ「軽口を叩く」
ア　相手を傷つけることを言う
イ　場にそぐわないことを言う
ウ　思いつきでものを言う
エ　秘密を簡単にもらしてしまう

Ⅱ「おののく」
ア　緊張で小刻みに震える
イ　筋肉が盛り上がる
ウ　力強く動かす
エ　恐怖で小さくなる

問3　――線部①「話の匣（はこ）を奈美が開いてくれた」とあるが、「話の匣」とは何の比喩になっているか。本文中より五字以内で抜き出して、書きなさい。

問4 ――線部②「訊かれなければ言えぬことだった」とあるが、どういうことか。その説明として最も適当なものを、次のア～エの中から選び、記号を書きなさい。

ア 今の父が本当の父ではないという事実を伝えることだけで十分であり、別れて以来会っていない実の父のことまで奈美に打ち明ける必要はないと思っていたということ。

イ 梓の今の父が本当の父ではないということに衝撃を受けている奈美の反応を見て、今の父と本当の父との関係まで話すことは避けた方がいいと感じていたということ。

ウ 本当の父と今の父が友達だったという複雑な家族関係を奈美がどう受け止めるか予測がつかない上に、本当の父のことを、奈美が悪く思うのを避けたかったということ。

エ 今の父が本当の父ではないということは言えても、今の父と本当の父との関係やいきさつまでは、奈美が訊いてくれなければ自分から話すことができなかったということ。

問5 ――線部③「親友だからね、と重ねて言った」とあるが、この時の「奈美」の心情を説明したものとして最も適当なものを、次のア～エの中から選び、記号を書きなさい。

ア 新しい父を受け入れられない梓に同情するのではなく、新しい父をけなすようなことを言ってしまう梓の心の内を自分が理解し、受け止めようと思っている。

イ 梓が今まで自分に家族の秘密を打ち明けてくれていなかったことに内心腹を立てており、これからは親友として何事も包み隠さず話してほしいと強く思っている。

ウ 梓が家族のことでまだ自分に話せていないことがあるのではないかと疑っており、梓は本当に自分のことを親友だと思っているのだろうかと不安になっている。

エ 本当の父に長い間会っておらず、新しい父のことも受け入れられない梓の傷ついた内面を深刻なものととらえ、親友である自分が梓を守っていこうと決意している。

問6 ――線部④「あたし、わかってるんだから」とあるが、どのようなことを「わかって」いるのか。四十字以内で書きなさい。

問7 ――線部⑤「告白の手紙」とあるが、この「手紙」には、問6で解答した内容の他に、書き記された言葉があると考えられるがそれは何か。簡潔に書きなさい。

問8　この文章を読んだ後に生徒たちが気づきや感想を話し合っている。本文の内容に合わない発言をしているものを、次のア〜エの発言の中から選び、記号を書きなさい。

ア　最後の一文「両手を腰に回した父の後ろ姿を見つめながら、梓は泣いた」とあるけれど、これは今の父が梓をおんぶしようとしている背中を見つめているんだね。「雪の上に背を向けて屈んだ」という記述からもわかるよ。梓の涙の理由は父の愛情と優しさを感じているからだよね。

イ　この最後の場面でも回想される十年前の雪の日の動物園での思い出はとても印象的だね。十年前にくるみこまれた父のワークコートが再度出てくるけど、このワークコートに父の優しさが表れていると思うよ。

ウ　「俺を、アッちゃんのパパにしてくれねえか」と、まるでプロポーズのような告白をした父親も、幼くて「イヤ」としか言えなかった梓も、そう言わなければよかったと後悔しているだろうね。

エ　私は雪の降る日という設定も重要なポイントだと思う。十年前の雪の日の動物園での思い出は、小さい頃の梓の「ひとつだけはっきりとした記憶」だし、十年後の梓の告白は、十年前の父の告白への返事となって、同じ「雪の降る日」という空間の中でつながっていると思う。

2023(R5) 龍谷高　文理進学・総合・保育
K 教英出版

前期

令和５年度普通科 文理進学コース／総合コース／保育コース 入学試験問題

（第３限）

数学

（50分）

（注　　意）

1 「始め」の合図があるまで開いてはいけません。

2 問題は全部で５題あり，３ページまでです。

3 「始め」の合図があったら，まず解答用紙に受験番号を書きなさい。

4 答えは，すべて解答用紙に書きなさい。

5 解答用紙の※印のところは記入しないでください。

6 印刷がはっきりしないでわからないときは，黙って手を挙げなさい。

7 「やめ」の合図で，すぐに鉛筆を置きなさい。

1 次の(1)～(10)の各問いに答えなさい。

(1) $9-3\div\frac{1}{3}+(-1)^2$ を計算しなさい。

(2) $\frac{2}{3}a-\frac{1}{2}(a-3b)$ を計算しなさい。

(3) $\frac{14}{\sqrt{7}}-\sqrt{63}$ を計算しなさい。

(4) $a=\sqrt{7}+2$ のとき，a^2-4a+4 の値を求めなさい。

(5) 長さ7mのひもから a cmのひもを3本切り取ったところ，ひもが b cm残った。このとき，数量の関係を等式で表しなさい。

(6) y は x に反比例し，$x=2$ のとき $y=-6$ である。$x=-3$ のとき，y の値を求めなさい。

(7) $x^2-4x-60$ を因数分解しなさい。

(8) 方程式 $(x+6)^2=5$ を解きなさい。

(9) 下の表は，Aさんが1月から6月までの図書館で借りた本の冊数を表したものである。1か月あたりの平均値が4.5冊であるとき，x の値を求めなさい。

月	1月	2月	3月	4月	5月	6月
本の冊数（冊）	6	3	8	x	2	5

(10) 右の図のように，4点A，B，C，Dは円Oの周上の点である。線分ACは円Oの直径であるとき，$\angle x$ の大きさを求めなさい。

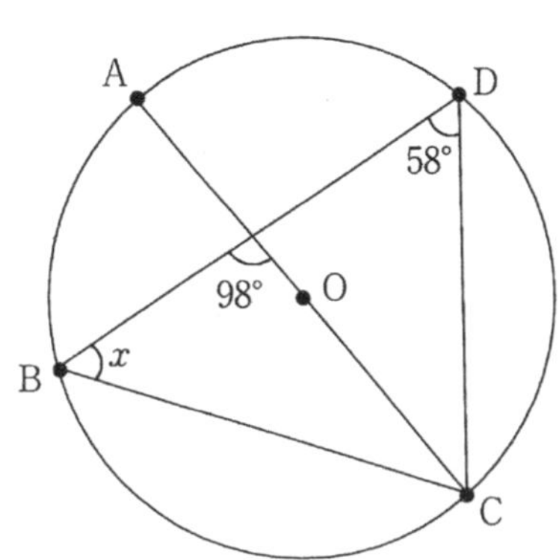

6

I will tell you about my brother Naoki.
・
・
・

※

7

	①	④
(1)		
(2)	they become ( ) hot and shiny ( ) we can see them.	
(3)		
(4)		

※

※

※

※

8

※

2023(R5) 龍谷高　文理進学・総合・保育
K 教英出版

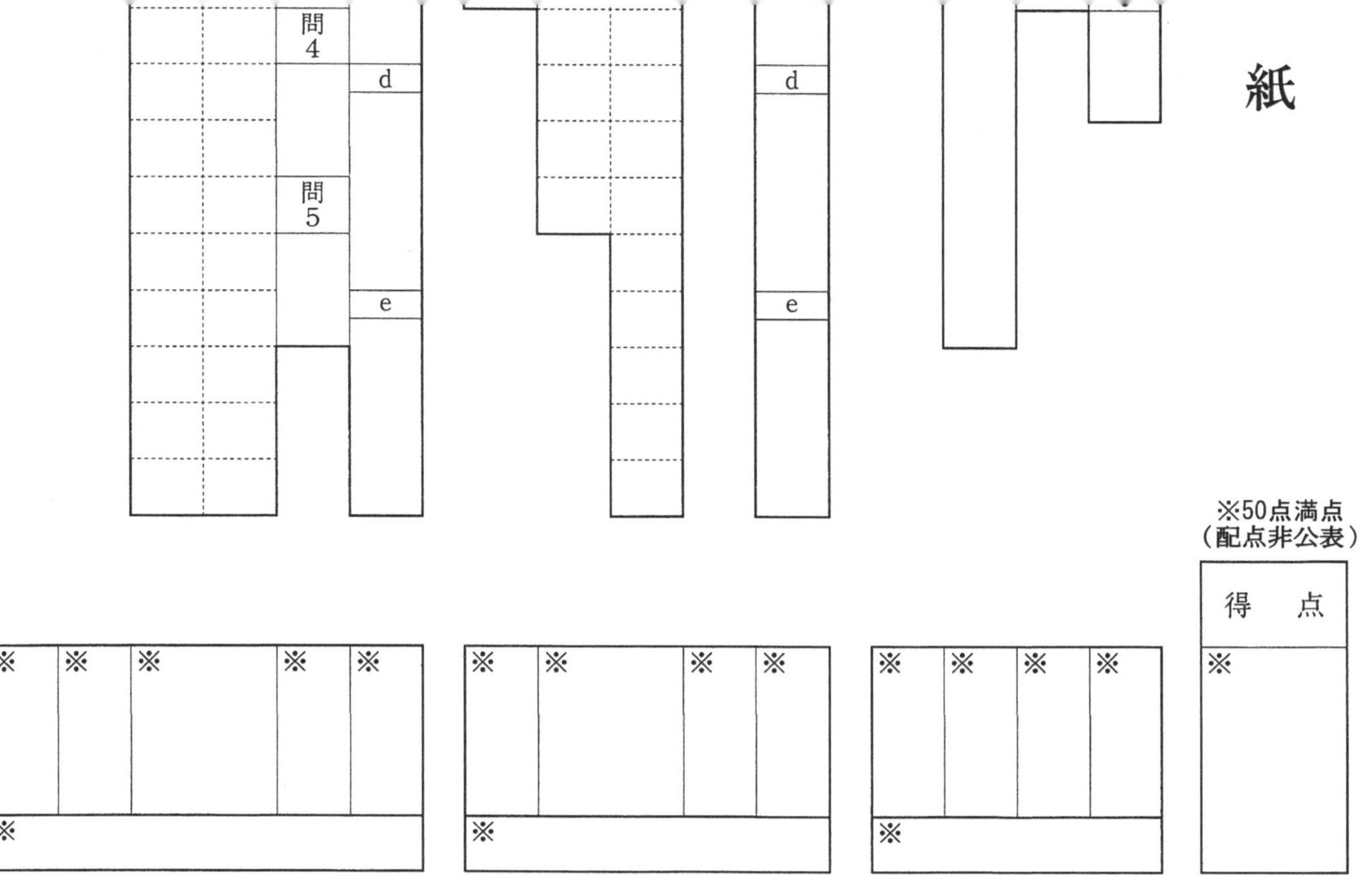

※50点満点
（配点非公表）

得　点

※

2023 普通　国語

K 教英出版

受験番号	

得　　点	※ ※50点満点 （配点非公表）

	(4)		※
	(7)		
	(10)	度	
x =	(3)	トン	※

			※
	(3)	x =	

数 学 解 答 用 紙

1	(1)		(2)	
	(5)		(6)	$y =$
	(8)	$x =$	(9)	$x =$
2	(1)	$\left\{ \right.$		
3	(1)		(2)	
4	(1)	$a =$	(2)	$x =$
5	(1)	$x =$	(2)	

国語解答

受験番号

一

問1 ① 漢字 記号 ② 漢字

問2 ① ②

問3 ① ②

問4 ① ②

問5

二

問1 a b c

問2 (1) (2)

問3

問4

問5

問6

問7

三

問1 a b c

問2 Ⅰ Ⅱ

問3

問6

問7

問8

【解答用

英　語　解　答　用　紙

受験番号	

得　点	※

※50点満点
（配点非公表）

1

問1	1番	2番	問2	1番	2番	3番	問3	1番	2番	3番

※

2

(1)	(2)	(3)

※

3

(1)	(2)	(3)

※

4

(1)	3番目	5番目	(2)	3番目	5番目	(3)	3番目	5番目

※

5

(1)	(2)	(3)	(4)

※

【解答

2 ある市の先月のゴミの重さは，燃えるゴミと燃えないゴミを合わせて476トンでした。今月は，先月に比べると燃えるゴミは５％減り，燃えないゴミは１％増えたため，合わせて10トン減りました。このとき，次の(1)～(3)の各問いに答えなさい。

(1) 先月の燃えるゴミの重さをxトン，燃えないゴミの重さをyトンとし，連立方程式をつくりなさい。

(2) (1)において，xの値を求めなさい。

(3) 今月の燃えないゴミの重さを求めなさい。

3 大小２つのさいころを同時に投げ，出た目の数の和をA，積をBとする。このとき，次の(1)，(2)の問いに答えなさい。

(1) A＝8となる確率を求めなさい。

(2) A＞Bとなる確率を求めなさい。

4 下の図のように，関数 $y = ax^2$ のグラフがある。そのグラフ上に2点 A，B があり，点 A の座標は（−6，12）である。また，点 A から x 軸に垂線をひき，x 軸との交点を P とする。さらに，直線 AB と x 軸との交点を C とする。このとき，次の(1)～(3)の各問いに答えなさい。ただし，点 O は原点とする。

(1) a の値を求めなさい。

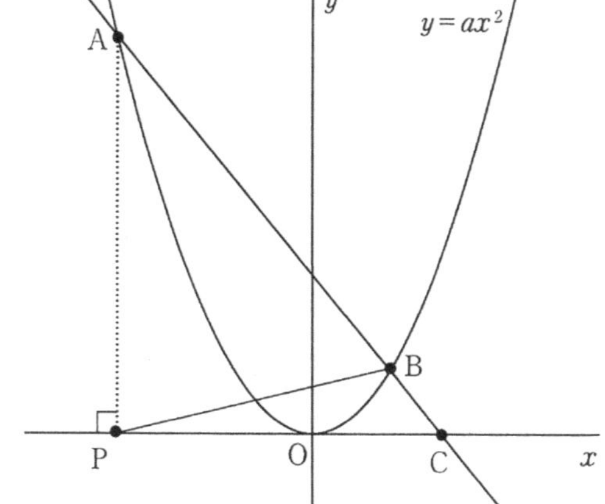

(2) 2点 A，B を通る直線の傾きが $-\frac{6}{5}$ であるとき，点 C の x 座標を求めなさい。

(3) △ABP の面積が 48 であるとき，点 C の x 座標を求めなさい。

5 下の図のように，1辺の長さが 12 cm の正三角形 ABC があり，辺 AC を 3：1 に分ける点を P とする。線分 AP 上に点 D をとり，直線 BP と辺 EF が重なるように1辺の長さが x cm の正三角形 DEF をつくる。線分 PE の長さが 6 cm であるとき，次の(1)，(2)の問いに答えなさい。

(1) x の値を求めなさい。

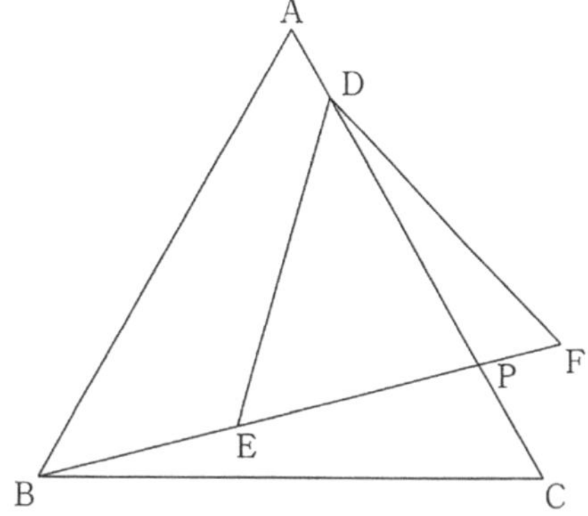

(2) △PDE と△PBC の面積比を最も簡単な整数の比で表しなさい。

前 期

令和4年度普通科入学試験問題

（第1限）

英　　語

（50分）

龍谷高等学校

（注　　意）

1 「始め」の合図があるまで開いてはいけません。

2 問題は全部で７題あり，８ページまでです。

3 「始め」の合図があったら，まず解答用紙に受験番号を書きなさい。

4 すぐに「放送による聞き取りテスト」があります。放送の指示に従って答えなさい。「聞き取りテスト」が終わったら，次の問題へうつりなさい。

5 答えは，すべて解答用紙に書きなさい。

6 解答用紙の※印のところは記入しないでください。

7 印刷がはっきりしないでわからないときは，黙って手を挙げなさい。

8 「やめ」の合図で，すぐに鉛筆を置きなさい。

2022(R4) 龍谷高　普通科
K 教英出版

※音声と放送原稿非公表

1 「放送による聞き取りテスト」を行います。問題はそれぞれ２回ずつ放送します。放送中にメモをとってもかまいません。

問１　英語の質問を聞き、図が示す内容に合う答えを選ぶ問題です。質問に対する答えとして最も適当なものを、ア〜エの中から１つ選び、記号を書きなさい。

１番

March

SUN	MON	TUE	WED	THU	FRI	SAT
10	11	12	13	14	15	16
17	18	19	20	21	22	23

Sunny	Cloudy	Rainy

ア　晴れ　　　イ　雨のちくもり
ウ　くもり　　エ　くもりのち晴れ

２番

ア　John and Margaret.　　イ　Lisa and Lucy.
ウ　Judy and Harry.　　エ　Louis and Jane.

問２　イラストの内容に合う英文を選ぶ問題です。それぞれのイラストの説明として読まれる英文のうち最も適当なものを、ア～ウの中から１つ選び、記号を書きなさい。

１番

School timetable Name: Kim

	Monday	Tuesday	Wednesday	Thursday	Friday
9:00~10:30	ENGLISH	MATH	HISTORY	ENGLISH	SCIENCE
Break					
11:00~12:30	MATH	IT	SCIENCE	MATH	ENGLISH
Lunch time					
1:30~3:00	HISTORY	MUSIC	P.E.	ART	ART
After school	FOOTBALL	✕	PIANO	✕	SWIMMING

２番

3番

問3　グリーン先生がカナダでホームステイをすることになっている高校生に話をします。話のあとに続けて読まれる3つの質問に対する答えとして最も適当なものを、ア～エの中から1つ選び、記号を書きなさい。

1番　ア　She thinks students can visit a lot of famous places during a homestay.
　　イ　She thinks a homestay is cheaper than staying at a hotel.
　　ウ　She thinks a homestay is the best way to study Japanese.
　　エ　She thinks students can learn a lot during a homestay.

2番　ア　Because they will be able to find a job in Canada by learning about it.
　　イ　Because their host family is looking forward to talking with them about it.
　　ウ　Because learning about it is necessary to make friends with Canadian students.
　　エ　Because they have to win the speech contest in high school.

3番　ア　To try to be a member of your host family.
　　イ　To talk with your host family only in English.
　　ウ　To invite your host family to Japan.
　　エ　To be careful about going outside at night.

これで「放送による聞き取りテスト」を終わります。次の問題にうつりなさい。

2 次の各組の英文がほぼ同じ意味になるように、（ ※ ）に入る最も適切な語をそれぞれ英語１語で答えなさい。

（１） Ken can play soccer well.
Ken is a (　　　) soccer (※).

（２） I am not as tall as my brother.
I am (※) (　　　) my brother.

（３） I came to Kyoto three months ago, and I am still here.
I have (※) in Kyoto (　　　) three months.

3 次の日本文に合うように（　　）内の語を並べかえるとき、３番目と５番目にくる記号をそれぞれ答えなさい。

（１） その国で話される言語は簡単ではありません。
The (ア is / イ country / ウ spoken / エ language / オ in / カ that) not easy.

（２） 私の父はクリスマスに何か良いものを私にくれるでしょう。
My father (ア give / イ nice / ウ me / エ on / オ will / カ something) Christmas Day.

（３） この記事は、多くの若者が大好きな有名な歌手についてのものです。
This article is about a (ア many / イ famous / ウ like / エ people / オ singer / カ young) very much.

4 次の下線部(1)～(2)を４語以上の英語に直しなさい。

Ken： Mike, I have two tickets for the concert next Friday. Would you like to come?
Mike： I'd like to go, but I can't. I'll be on a beach in Okinawa next Friday.
Ken： Sounds good. Perhaps next time then. (1)<u>写真を送ってね。</u>
Mike： I will. (2)<u>誘ってくれてありがとう。</u>

5 次の文の（　　）内に入る最も適切な文をそれぞれア～エの中から１つずつ選び、記号で答えなさい。

（1） Woman：Excuse me. How can I get to the zoo?
Man：（　　　）, and get off at the third station.

ア Take the train for Central Park　　イ I don't like walking
ウ Sorry, I'm not from here　　エ Go down this street

（2） Man：Hello. Can I speak to Mr. White?
Woman：（　　　）Shall I tell him to call you back?
Man：Yes, please.

ア Speaking.　　イ I'll leave a message.
ウ He's out right now.　　エ Please try again.

（3） Son：Mom, I've caught a really bad cold.
Mother：（　　　）
Son：No, not yet.

ア Have you seen a doctor?　　イ That's too bad.
ウ Will it snow tomorrow?　　エ That sounds nice.

（4） Mother：Lucy, are you going to Tom's party?
Daughter：（　　　）I'm really looking forward to it.

ア I have many things to do.　　イ Of course I am.
ウ I don't think so.　　エ The party was good.

（5） Husband：Emily, it's already five o'clock.（　　　）
Wife：Hold on. I'm looking for my passport.
Husband：Hurry up! I don't want to miss the plane.

ア Are you sure?　　イ When are you going?
ウ What time is it?　　エ Are you ready?

6 次の英文を読み、あとの問いに答えなさい。

My friend Jack is a professional *magician, and he worked at a restaurant in Las Vegas to show his magic each evening for the guests while they are eating their dinners. One evening he walked up to a family and, after introducing himself, took out *a set of cards and began performing. ①When he turned to a young girl sitting at the table, he asked her to choose a card. The girl's father said to him, "My daughter Lisa is ②blind." Jack answered, "That's OK. If it's all right with her, I would like to try a trick anyway." He turned to the girl again and said, "Will you help me?" "OK," Lisa answered.

Jack took a seat across from her at the table and said, "Lisa, I'm going to hold up a playing card, and it's going to be one of two colors, either red or black. I want you to use your *psychic powers and answer what color the card is, red or black. It's easy, Lisa. You can just tell me red or black. You got it?" Lisa *nodded.

Jack held up the king of *clubs and said, "Lisa, is this a red card or a black card?" After a moment, the blind girl answered, "Black." Her family smiled. Jack held up the seven of hearts and said, "Is this a red card or a black card?" Lisa said, "Red." Then Jack held up a third card, the three of *diamonds and said, "Red or black?" Lisa answered quickly, "Red."

Her family members were really surprised. He tried five more cards and she got all five answers right. Her family couldn't believe how lucky she was.

Her father asked Jack to explain the trick. The magician only answered, "You will have to ask Lisa." The father said, "Lisa, how did you do that?" Lisa smiled and said, "It's magic!" Jack shook hands with the family, hugged Lisa, and said goodbye. It was a wonderful moment that her family would never forget.

There is, of course, a question : how did Lisa know the color of the cards? Because Lisa was blind, it was impossible for her to see the color when Jack held up the cards.

Also, ③(Jack / was / to / it / time / for Lisa / the first / see) at the restaurant. How then?

Jack was able to create this magic by ④a secret sign. When he sat down across from Lisa and said, "Lisa, I'm going to hold up a playing card, and it's going to be one of two colors, either red or black," he tapped her foot under the table once when he said the word "red" and twice when he said "black." Just to check if Lisa understood "the foot sign," Jack repeated the secret sign and said, "It's easy, Lisa. You can just tell me red (tap) or black (tap-tap). You got it?" When she nodded yes, he knew that she understood the meaning of the signs and was ready to do the trick.

* magician：マジシャン（手品師）　* a set of cards：トランプ（1セット）
* psychic powers：超能力　* nodded：うなずいた
* clubs：クラブ（トランプのマーク）　* diamonds：ダイヤ（トランプのマーク）

問１　下線部①を日本語に直しなさい。

問２　下線部② blind の意味に最も近いものを、ア～ウの中から１つ選び，記号で答えなさい。
ア　not able to see　　イ　not able to hear　　ウ　not able to taste

問３　リサは全部で何枚のカードの色を正しく答えましたか。数字で答えなさい。

問４　下線部③が「リサにとってジャックとレストランで会うのは初めてでした」となるように（　　）内の語（句）を正しく並べかえなさい。

問５　下線部④のジャックがリサに対して頼んだ a secret sign の内容を具体的に説明するとき、下記の（ａ）～（ｃ）内に入る適語を日本語で答えなさい。

ジャックはリサに自分が掲げたカードの色が（ａ）色なら１度、（ｂ）色なら２度、机の下で彼女の（ｃ）を軽く叩くということを決めていた。

7 次の英文を読み、あとの問いに答えなさい。

There are too many cars in the big cities. They cause *traffic jams. They give out CO_2, and CO_2 causes air pollution. Air pollution has a serious influence on the earth's environment. It causes global warming. Every year, the snow and ice of the *polar caps and ice sheets are melting, so the sea levels are rising. This means that seawater will cover more low land and islands in the near future. If this *phenomenon happens, the salty water will kill plants, and then people and animals will lose important sources of food. In some cases, they may lose their homes, too.

Nowadays electric cars are becoming popular to stop global warming and keep our earth clean. Some countries in the world are making and improving electric cars to solve this hard problem. Electric cars may seem like a new idea, but they have *existed since the early days of the car's invention. In the 1830s, Robert Anderson, a Scottish man, invented a very basic electric car, but the technology needed to improve before people wanted to buy one. It did, and in the 1880s, people started buying electric cars in both the US and the UK.

By 1900, electric cars were very popular. They made up about 30% of the cars on roads in major US cities like New York, Boston, and Chicago. People driving in cities liked them for several reasons. Electric cars were easier to drive than gasoline cars. They were also quieter and did not pollute the air like gasoline cars did.

In the 1920s, however, changes in technology made electric cars much less popular. Gasoline cars became easier to use. Moreover, outside of cities, it was easier to get gasoline than electricity.

Today electric car technology is much better than before. More and more people are driving electric cars because they are more *economical and eco-friendlier than gasoline cars. Electric cars can be a great step to save our environment.

* traffic jams：交通渋滞　* polar caps：極冠（北極・南極の氷に覆われた地域）
* phenomenon：現象　* existed：存在した　* economical：経済的な

問　次の１～７の英文の中から本文の内容と一致するものを３つ選び、番号で答えなさい。

1 Many countries in the world are trying to reduce the numbers of cars on the streets.
2 If the sea levels are rising, the salty water will damage plants.
3 In the 1880s, people started to buy electric cars in both the US and the UK because the technology of electric cars improved.
4 Electric cars were made in major cities like New York, Boston, and Chicago.
5 Electric cars were easier to drive and cheaper than gasoline cars.
6 In major cities, people could get gasoline more easily than electricity in the 1920s.
7 Nowadays the number of people driving electric cars has been increasing because they are friendlier to the environment than gasoline cars.

2022(R4) 龍谷高　普通科
K 教英出版

前期

令和4年度普通科入学試験問題

（第2限）

国　語

（50分）

（注　意）

1 「始め」の合図があるまで開いてはいけません。

2 問題は全部で３題あり、13ページまでです。

3 「始め」の合図があったら、まず解答用紙に受験番号を書きなさい。

4 答えは、すべて解答用紙に書きなさい。

5 解答用紙の※印のところは記入しないでください。

6 印刷がはっきりしないでわからないときは、黙って手を挙げなさい。

7 「やめ」の合図で、すぐに鉛筆を置きなさい。

2022 普通　国語
2022(R4) 龍谷高　普通科
K 教英出版

一　次の各問いに答えなさい。

問1　次の①・②の三つの四字熟語の□に当てはまる漢字をそれぞれ入れ、それを組み合わせて三字の熟語を完成させなさい。

①　大器晩□　□中砲火　過□評価

②　□下一品　天変□異　温故知□

問2　次の①～⑤の文の（　）に入る言葉として最も適当なものを、後のア～オの中からそれぞれ選び、記号を書きなさい。

①　人生万事（　　　）というように、ずっと悪いことばかりが続くわけではないから、諦めるな。

②　人の悪口ばかり言っていると、みんなに避けられて（　　　）になってしまうよ。

③　説明の後ですが、（　　　）ながら私から一言付け加えさせてください。

④　遠方にいる友人に会える日を、（　　　）の思いで待っていた。

⑤　今日の遠足は雨が降るのではないかと心配していたが（　　　）に終わった。

ア　四面楚歌　　イ　杞憂（きゆう）　　ウ　塞翁（さいおう）が馬　　エ　蛇足　　オ　一日千秋

問3　あなたが一人で留守番をしていると、担任の先生からお母さんに電話がかかってきました。先生にお母さんがいないことを丁寧に伝えるためには、なんと答えればよいですか。［　　］に入る適当な表現を十字程度で書きなさい。

「先生、すみません。［　　　　　　　　］。」

問4 『枕草子』の説明として正しいものを次のア～クの中からすべて選び、記号を書きなさい。

ア 『源氏物語』と同時代の成立である。

イ 『徒然草』と同時代の成立である。

ウ ジャンルは説話である。

エ ジャンルは随筆である。

オ 作者は紫式部である。

カ 作者は清少納言である。

キ をかしの文学と言われている。

ク あはれの文学と言われている。

二　次の文章を読んで、あとの問いに答えなさい。

※自律システムや※自動ロボットは、実はもう私たちのすぐ身近なところにあります。（　1　）インターネット上の※リコメンド機能です。

「これはいかがですか?」と機械が無数の商品やサービスの中から、あなたの気に入りそうなものを、あなたにとって有益であろうと（勝手に）考えたものを推薦してきます。

あなたの購入履歴はもちろん、どんなページに何分タイザイ[a]したか、関連して何を見たかという※デジタルフットプリントのすべてを追跡し、さらにあなたの傾向に近い誰かの購買[b]状況やネット上の動きに関するボウダイ[c]なデータを※AIが克明にブンセキ[d]して総合し、ある※アルゴリズムで導いたリコメンドです。

確かに面白そうな物、興味を引く物が並んでいます。少なくともそのいくつかは、実際にクリックして内容を見るのではないでしょうか?　もちろんリコメンドは（　2　）提案であり助言です。最終的な判断はあなたがする。その意味で自律した頭脳（さまざまなリコメンド）が①直ちにリアルな世界をつくっているわけではありません。

しかし、（　3　）あなたがその通りに購買していったら、あるいはリコメンドがそのまま実際の買い物の決定になったら、あなたはいつの間にか機械が想定する人物像にどんどん近づいていくことになり、やがてはその人物そのものになってしまうでしょう。そして、自律頭脳が想定するとおりのリアル社会が生まれることになります。

何が背後の意図なのでしょうか。その時、そこにいるのは一体誰であり、そのリアル社会は誰がつくったものなのでしょうか。

最初は「これは便利だ」と感じた※リコメンデーションも、②だんだん不気味なものに見えてきます。容易に想像できますように、もちろん、商品をもっと売りたいという根本の目的があちら側に隠れているのです。

（　4　）機械は「私が望むもの」「私が必要とするであろうもの」、さらには「私らしさ」を、どのようにして導き出したのか。どのようなアルゴリズムが機能して、私の価値観、私の世界観にまで入りこんできたのでしょうか。③それは私のすべての行動の根源に関わる世界です。AIはここまで入りこんできているのです。

自動の世界は、あくまでも「私」が主役であり命令者でした。

しかし自律の世界は、私に対して私ではない誰かが、最初は「推薦」というかたちで、そして徐々に私の中に入り込んでこれを選択すべきと内なる声で命じるようになり、最後は私そのものを思いのままにつくりあげてしまう可能性があります。つまり「私」が消え、機械が主役として登場するかもしれないのです。

自動は便利だ。そして自律システムや自律ロボットはもっと便利だ。何も考えなくていいのだから、と思っていたら、それは危ういかもしれません。〈 ア 〉

リコメンド機能の話は、ほんの一例に過ぎません。それが人間への提案、人間の最終承認[Ⅱ]という手続きを飛び越えてハード[※]の世界へと進出し、自律システム、自律ロボットが本格的に始動すれば、人間が命じなくても、人間が求めるのはこれでしょう、あなた方はこうすべきだと主張する主体[④]が現れることになります。そして、自律ロボットは、あなたに気に入られるはず、と信じ、自分の判断で先回りして行動を起こすことになるのです。

もちろん、私はこれをすべてマイナスのことだと決めつけるつもりはありません。〈 イ 〉

必要なのは、知ること、理解することです。

私たちが知らない間に、あるいは便利だと浮かれている間に何が起きているのかを知ることが求められているのです。〈 ウ 〉

新たに登場しようとしている主体の正体を突き止め、しっかりコントロールし、カシコ[e]く共存していくという知恵を持つこと─それが自律世界を扱う時に、先ず私が主張したいことです。〈 エ 〉

（太田　裕朗『ＡＩは人類を駆逐するのか？　自律世界の到来』より）

※　自律システム……人が求めるであろうことを、機械が自ら判断して実行するシステム

※　自動ロボット……人が設計し、人が求めたことのみを指示通り行うロボット

※　リコメンド／リコメンデーション……顧客の好みをブンセキし、顧客それぞれに自動的に商品やサービスをすすめること。また、その仕組み

※　デジタルフットプリント……インターネットを利用したときに残る記録のこと

※　ＡＩ……人工知能

※　アルゴリズム……ある特定の問題を解くときの計算方法や処理手順のこと

※　ハード……施設や設備、道具など形のある要素

問1　——線部a～eのカタカナは漢字に直し、漢字は読みをひらがなで書きなさい。

問2　——線部Ⅰ「克明に」Ⅱ「承認」の意味として最も適当なものを、次のア～エの中から選び、記号を書きなさい。

Ⅰ「克明に」
ア　通り一遍に
イ　誰でもわかるように
ウ　全体的に、幅広く
エ　細かいところまでひとつひとつ

Ⅱ「承認」
ア　正しいと肯定すること
イ　強く要求すること
ウ　決して認めないこと
エ　すばらしいと賞賛すること

問3　（　1　）～（　4　）に入る言葉として最も適当なものを、次のア～オの中からそれぞれ選び、記号を書きなさい。

ア　あくまでも　　イ　むしろ　　ウ　そもそも　　エ　例えば　　オ　もし

問4　——線部①「直ちにリアルな世界をつくっているわけではありません」とあるが、これはどういうことか。解答欄の形式にあうように二十字以内で書きなさい。

リコメンド機能が、顧客それぞれの好みに応じた商品やサービスを提案するからといって、（　二十字以内　）ということ

問5　——線部②「だんだん不気味なものに見えてきます」とあるが、「不気味なものに見えて」くるのはなぜか。その理由を説明したものとして最も適当なものを、次のア～エの中から選び、記号を書きなさい。

ア　個人にあわせた商品やサービスを提案しながらも、その裏に消費者の潜在意識を操作し、購買意欲につなげようとしている企業の意図がみえるから。
イ　個人にあわせた商品やサービスを提案されても、必ずしもその人の価値観に沿ったものであるとは言えず、リコメンデーションの限界が感じられるから。
ウ　初めは便利に感じられるリコメンデーションも、利用するうちに次第に商品の広告やPRが多くなっていき、その不自然さに消費者自身が違和感を覚えるから。
エ　初めは便利に感じられるリコメンデーションも、次第に作られた「自分らしさ」や、画一された価値観を消費者に押しつけ始め、その圧力に不快感を覚えるから。

問6　——線部③「それ」の指すものを本文中から十字程度で抜き出して、書きなさい（句読点も字数に含む）。

問7　――線部④「主体」の対義語を漢字二字で書きなさい。

問8　この文章には次の一文が抜けている。本文中の〈 ア 〉～〈 エ 〉のどこに入れるのが最も適当か。記号を書きなさい。

そのうえでこの自律システムをつくっていけば、それは人を助ける存在になり得ます。

問9　本文から読み取れる筆者の主張として最も適当なものを、次のア～エの中から選び、記号を書きなさい。

ア　自律システムは自動ロボットに比べて便利なものであるため、私たちの生活にいち早く取り入れると共に積極的に活用していく必要がある。

イ　今後、より便利なサービスが登場することが考えられるが、私たちはそのサービスが本当に必要であるのか取捨選択しなければならない。

ウ　これからＡＩがますます発達していく社会になるため、私たちの生活は現在よりも便利で豊かなものになるが、必ずしも幸せにつながるとは限らない。

エ　自律システムは大変便利であるが、逆に私たちが操られてしまう恐れがあるため、そのシステムについて理解し共存することが求められる。

三　次の文章を読んで、あとの問いに答えなさい。（設問の都合上、本文の一部を中略している）

私は、高校生の息子（真吾〔しんご〕）が進路希望調査で「ユーチューバー[※]」と書いたことをきっかけに、息子と対立する。息子との関係に悩む私は、ある日買い物に出かけたデパートで迷子の子ども（たっくん）に出会う。それに続くのが以下の場面である。

しゃがみ込み、泣いているたっくんに思わず腕を伸ばすと、彼はしがみついてきた。体の奥がきゅんとなる。痛いくらいだ。なまあたたかくて重くてやわらかくて、エネルギーが指の先までぱんぱんに詰まってるみたいないのちのかたまり。

胸がいっぱいになって、たっくんをぎゅっと抱きしめた。大丈夫よ、たっくんのお母さんはきっと見つかるから。私が見つけるから、安心して。

顎の下にたっくんの小さくて丸い頭がある。黒々とした、つややかな細い髪の毛。

なつかしい感触……。

そのときだった。

たっくんの頭にあるつむじがぐるぐると動き出し、ふたつに分かれたのだ。

え、え、え？

鳥居つむじ[※]？

私があっけにとられているうち頭の形も微妙に変わり出し、見たことのあるラインに落ち着いた。

すっと顔が上がる。私を見つめる小さな目。低い鼻、ウスい[a]唇。

「真吾！」

私の腕の中にいるのは、まぎれもなく、幼いころの真吾だった。

思い出した。幼い日の真吾。

公園では、すべり台やブランコより、アリの行列に魅入〔みい〕っていたこと。

保育園に迎えに行くと、他の子たちとは離れたところでひとり、レゴのものすごい大作を作っていたこと。

「紙芝居の時間になっても、真吾くんだけ部屋の隅でパズルをしています」と先生から連絡帳に書かれたとき、私はどう思った?

あのころは、嬉しかったのだ。真吾が他の子と違うことが。

通りすがりのおばさんに鳥居つむじのことを教えられ①「天才か大バカ」って言われたときも、一滴の疑いもなく「天才」のほうだと思ったのだ。この子は間違いなく大物になるって。

いつからだろう。みんなと同じじゃないと不安になったのは。

普通のことを普通にしてくれればいいと思うようになったのは。

私の腕の中で、ふるんとしたほっぺの真吾がにへっと笑った。そう、この笑顔。この子がこんなふうに笑うこと以上に素晴らしいことなんてあるだろうか。

《 中略 》

「おかあさん」

小さな真吾が私を呼んだ。

私も呼ぶ。

「真吾」

用事はない。ただ呼びたかっただけ。

あなたがここにいることが、ただ嬉しくて幸せだって、そう思うから。

「拓海(たくみ)!」

遠くから女性の叫び声が飛んできた。

「おかあさーん!」

私の腕をすりぬけていくその声はたっくんのもので、つむじはひとつに戻っていた。

「ごめん! ごめんね、拓海。私がちゃんと見てなかったから……」

若い母親がたっくんを抱きしめた。髪の長さやスカートの色が、私と似ている。後ろ姿を見てたっくんは間違えてしまったのかもしれない。

ふたりの隣に、ほっとした表情の男性がいる。お父さんだろう。

「朝美（あさみ）が悪いんじゃないよ」

思いやりのある素敵なご主人だ。私はうっとりと、Ⅰ初々しい親子をｂナガめた。

《 中略 》

たっくんを巻き戻していったら、このふたりにたどりつくのだろう。真吾の始まりが私と※譲（ゆずる）との出会いであったように。

さっき幼い真吾に会えたのは、ほんの一分ぐらいのことだったかもしれない。

でも私にとっては、②永久を閉じ込めたようなひとときだった。

忘れないでいよう。いつかまた、真吾を理解できなくて苛立つときがきても、きっと思い出そう。私の人生に、あんな喜びの時間が確かに授けられていたことを。

家に帰ると、真吾がリビングでパソコンに向かっていた。

「ただいま」と言った私に、ちらりとこちらを見て小声で「おかえり」と答える。

私はコートを脱ぎ、洗面所で手洗いうがいを済ませると、真吾の脇にｃイスを並べた。③真吾はぎょっとしたように身を引く。

《 中略 》

私はイスに深く腰かけ、パソコンの画面を指さした。

「母さんにも見せてよ。真吾の動画」

④真吾は三秒ぐらい静止して何か考えていた。そして無言のまま、Ⅱおもむろにマウスを動かす。

いくつもの動画を、私は真吾と見た。

※まきまきまきまき、巻き戻し。

チョコレートがやがてインドネシアの畑で実るカカオに、一冊のノートがやがて林に群れる樹木に。譲に見せてもらった初期の※マヨネーズと比べてどんどん見やすく工夫がこらされ、パラパラマンガの絵も目に見えて上達して感動さえ覚えた。

途中からジャンルが増え、モノの成り立ちだけでなく流通のシステムをたどったものも上がっていった。一通の手紙が、受け取った側から送る側に戻るまで、いかにたくさんの人の手を渡っているかを彼は伝える。まだまだある。コップ一杯の水、ケイコウトウのあかり、ガスコンロの火。

真吾の視界は、こんなふうに広がっているのだ。普段何気なく目にしているものが、どこからどんなふうにやってきたのか。その先に何があって、誰がいるのか。そこを見つめる真吾の瞳には、⑤世界のすみずみで小さく誇らしげに輝く光が映っているに違いなかった。

私が（　1　）の声を上げたり質問をすると、最初のうちは警戒していた真吾もしだいに声をゆるめ、興奮気味にいろいろと説明してくれた。

「僕、もっともっと知りたいんだ。日本中を端から端まで自分の足で歩いて、目立たない場所でたんたんと偉大な仕事をしてる人に会いたい。みんながひとつにつながれるように、それを世の中に発信したい」

私の隣で熱弁する真吾の頬に、つぶれかけたニキビがある。

幼い真吾はそりゃあ可愛かった。でもニキビ面の真吾も、やっぱり私には可愛い。世界一可愛い。

私は永久の親バカだ。大バカ級の親バカ。それでいいじゃないの。

大学受験するかどうか、将来何の仕事をするのか、先のことはとりあえず置いておこう。

⑥今は、今のあなたの話を聞かせてほしい。

《　中略　》

私は呼んだ。

「真吾」

真吾はこちらに顔を向けた。名前を呼んだきり黙ったままの私を見て、なにかに気づいたようにふっと笑う。私によく似た小さな目を動かしながら。

そしてちょっと照れくさそうに、ただ「母さん」と、小声でつぶやいた。

（青山　美智子　『鎌倉うずまき案内所』より）

※　ユーチューバー……動画共有サイトにおいて、自作の動画を投稿する人

※　鳥居つむじ……二つ並んでいるつむじのこと。真吾は鳥居つむじを持つ

※　譲……私の夫

※　まきまきまきまき、巻き戻し……真吾が投稿している動画のタイトルコール

※　初期のマヨネーズ……真吾が昔作った、マヨネーズがどうやってできているかを紹介する動画

問1　―――線部a～eのカタカナを漢字に直しなさい。

問2　―――線部①「られ」と同じ用法で用いられているものを、次のア～エの中から選び、記号を書きなさい。

ア　秋の気配が感じられ、すがすがしい気持ちになった。　　イ　先生が来られ、話をしてくださった。

ウ　観客席から声援をかけられ、やる気がみなぎった。　　エ　皆の信頼が得られ、プロジェクトは大成功に終わった。

問3　―――線部Ⅰ「初々しい」、Ⅱ「おもむろに」の意味として最も適当なものを、次のア～エの中から選び、記号を書きなさい。

Ⅰ「初々しい」
ア　優しく、思いやりあふれる様子
イ　元気で明るく、いきいきしている様子
ウ　いかにも頼りなく、危なっかしい様子
エ　若々しく純粋で、好感が持てる様子

Ⅱ「おもむろに」
ア　静かに、ゆっくりと
イ　突然、不意に
ウ　仕方なく、いやいやながら
エ　もったいぶって、堂々と

問4　―――線部②「永久を閉じ込めたようなひととき」とあるが、なぜ私にとってこの時間が「永久を閉じ込めたようなひととき」だと感じられたのか。その理由の説明として最も適当なものを、次のア～エの中から選び、記号を書きなさい。

ア　たっくんに出会ったことによって、わずかな時間ではあるものの辛い現実から離れ、過去の美しい思い出にひたることができたから。

イ　たっくんを通じて、幼い頃の真吾をありありと思い出し、私が忘れかけていた、ありのままの真吾を愛しく大切に思う気持ちに気づけたから。

ウ　幼い真吾の幻をほんのつかの間見たことで心の整理がつき、もう過去は振り返らず、今を生きていこうという覚悟ができたから。

エ　幼い頃の真吾に似たたっくんと触れ合えた時間が、我が子を理解できず苦しむ私にとって、現状を変えるきっかけになると思われたから。

問5　――線部③「真吾はぎょっとしたように身を引く」・④「真吾は三秒ぐらい静止して何か考えていた」とあるが、それぞれの場面における「真吾」の心情の説明として最も適当なものを、次のア～エの中から選び、記号を書きなさい。

ア　③では突然の母親の行動に嫌悪感をあらわにしており、④では動画を見せてもまた母親に何か言われるのだろうと内心ふてくされている。

イ　③では突然の母親の行動に嫌悪感をあらわにしており、④では母親の好意を嬉しく感じたものの照れ隠しのため自分を取り繕っている。

ウ　③では予期していなかった母親の行動に動揺しており、④では母親の真意をはかりかね、どうしたものかと内心戸惑っている。

エ　③では予期していなかった母親の行動に動揺しており、④では母親に自作の動画を見せたくないため次の行動を起こしかねている。

問6　――線部⑤「世界のすみずみで小さく誇らしげに輝く光」とあるが、この部分を別の表現で言い表している箇所を本文中から二十五字以内で抜き出して、初めと終わりの五字を書きなさい。

問7　（　1　）に入る言葉として最も適当なものを、次のア～エの中から選び、記号を書きなさい。

ア　感嘆　　イ　奮起　　ウ　安堵（あんど）　　エ　歓喜

問8　――線部⑥「今は、今のあなたの話を聞かせてほしい」とあるが、この時の「私」の心情の説明として最も適当なものを、次のア～エの中から選び、記号を書きなさい。

ア　他の子と違っていたとしても、それが真吾の個性だとして受け入れることが親の役目であると思い、悟りにも似た感情を抱いている。

イ　他の子と違っていたとしても真吾は真吾であり、悩んでいたこれまでの自分を振り切って、目の前の息子と向き合おうと思っている。

ウ　ユーチューバーという職業のすばらしさを真吾から教えられ、息子ならきっとユーチューバーとして成功するはずだと確信している。

エ　ユーチューバーという職業に賛成はできないものの、今は話だけでも聞いてやることで親子関係の修復を図りたいと切に願っている。

問9　次のやりとりは、この文章を読んだ後の先生とAさん、Bさんとの対話である。この対話を読んで、次のⅠ、Ⅱの問いに答えなさい。

A：「つむじ」や、「巻き戻し」という言葉が繰り返し出てきたのが印象的でした。なにか意味がありそう。
先生：よく気がつきましたね。小説などにおいて、ある内容を具体的な形あるものとして表すことを「象徴」といいます。「つむじ」もそう。
　他にも、成長した真吾の様子を端的に表現している描写に、（　1　）があります。これも、象徴の一つと言えるでしょうね。
B：確かに。「若さの象徴」なんて言いますよね。でも、私は最後の場面が気になりました。「なにかに気づいたようにふっと笑う」ってあるけれど、真吾はいったい何に気づいたんだろう。
A：その文の直後に、「私によく似た小さな目」という表現があるよ。これって（　2　）を象徴しているんじゃないかな。きっと真吾も、母親が自分に歩み寄ろうとしていること、自分を認めていることに気づいたんだよ。
先生：鋭い指摘です。この文章は親子の歩み寄りがテーマでしたね。文章表現を手がかりとして、人物の心情や関係性を考えながら読むことが大切ですね。

Ⅰ　（　1　）に入る語句として最も適当なものを、本文中から三字で抜き出して書きなさい。
Ⅱ　（　2　）に入る語句として最も適当なものを、次のア～エの中から選び、記号を書きなさい。
　ア　私と真吾との間に生じた、埋まらない溝
　イ　真吾が夢を見つけ、自立し始めていること
　ウ　私と真吾との、親子としての強いつながり
　エ　真吾が私を大切に思っているということ

前　期

令和４年度普通科入学試験問題

（第３限）

数　学

（50分）

（注　　意）

1　「始め」の合図があるまで開いてはいけません。

2　問題は全部で５題あり，３ページまでです。

3　「始め」の合図があったら，まず解答用紙に受験番号を書きなさい。

4　答えは，すべて解答用紙に書きなさい。

5　解答用紙の※印のところは記入しないでください。

6　印刷がはっきりしないでわからないときは，黙って手を挙げなさい。

7　「やめ」の合図で，すぐに鉛筆を置きなさい。

1 次の(1)～(10)の各問いに答えなさい。

(1) $(-3)^2+12\div(-3)$ を計算しなさい。

(2) $2(a-3b)-2a+b$ を計算しなさい。

(3) $\dfrac{24}{\sqrt{3}}-\sqrt{48}$ を計算しなさい。

(4) xについての方程式 $x^2-5x+a-2=0$ の解の1つが3であるとき，aの値を求めなさい。

(5) yはxに反比例し，$x=4$のとき $y=5$である。yをxの式で表しなさい。

(6) 関数 $y=ax^2$ で，xの変域が $-1\leqq x\leqq 2$ のとき，yの変域が $-8\leqq y\leqq 0$ である。このとき，aの値を求めなさい。

(7) $3x^2-9x-30$ を因数分解しなさい。

(8) 方程式 $(x-6)(x+6)=20-x$ を解きなさい。

(9) 下の資料は，中学生10名のあるテストでの得点を示したものである。この得点の中央値を求めなさい。

25, 32, 34, 32, 28, 32, 26, 33, 26, 30 （単位：点）

(10) 下の図のように，円Oの周上に3点A，B，Cがある。AB = ACであるとき，$\angle x$の大きさを求めなさい。

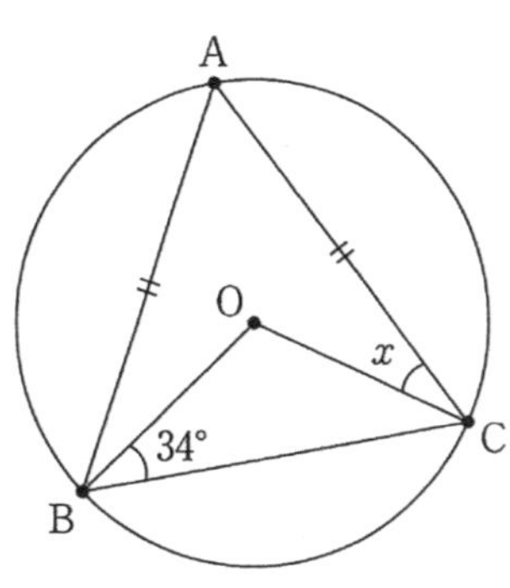

2 Aさんの家は，父，母，Aさんの3人家族で，今日はAさんの誕生日である。今日現在の3人の年齢をすべて足すと107歳になる。昨年のAさんの誕生日のときには，Aさんの年齢を7倍すると，そのときの父と母の年齢の合計と同じであった。また，父の年齢は母の年齢よりも5歳年上である。このとき，次の(1)，(2)の問いに答えなさい。

(1) 今日のAさんの年齢をx歳，父の年齢をy歳とするとき，xとyを用いて連立方程式をつくりなさい。

(2) 今日のAさんの年齢を求めなさい。

3 袋の中に1，2，3，4，5の数を1つずつ書いた5枚のカードが入っている。この袋の中からカードを1枚ずつ2回続けて取り出し，1枚目のカードを十の位の数，2枚目のカードを一の位の数として2けたの整数をつくる。このとき，次の(1)，(2)の問いに答えなさい。

(1) 2けたの整数が奇数になる確率を求めなさい。

(2) 2けたの整数が素数になる確率を求めなさい。

4 下の図のように，関数 $y=ax^2$ のグラフ上に y 座標がいずれも4である異なる2点A，Bと点C(1, 1) がある。ただし，点Aの x 座標は負である。このとき，次の(1)～(3)の各問いに答えなさい。

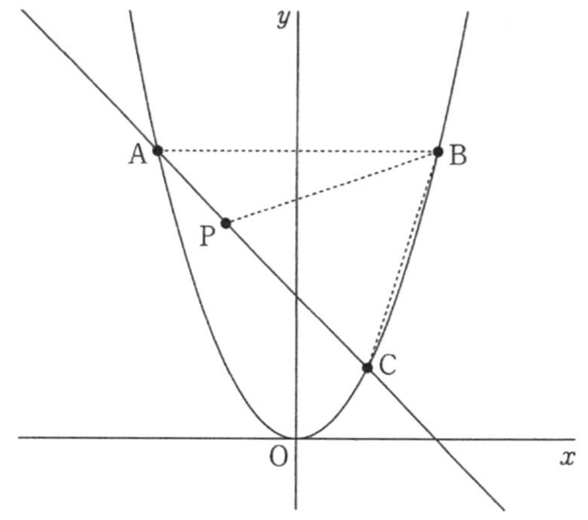

(1) a の値を求めなさい。

(2) 2点A, Cを通る直線の式を求めなさい。

(3) 直線AC上に△ABPと△BCPの面積の比が1：2になるように点Pをとる。このとき，点Pの座標を求めなさい。

5 右の図のように，長方形ABCDの辺DC上に点Eをとり，頂点B, Dから線分AEにそれぞれ垂線BF, DGを引く。また，線分DFの延長と辺ABの交点をHとする。AF = HF = HBのとき，次の(1), (2)の問いに答えなさい。

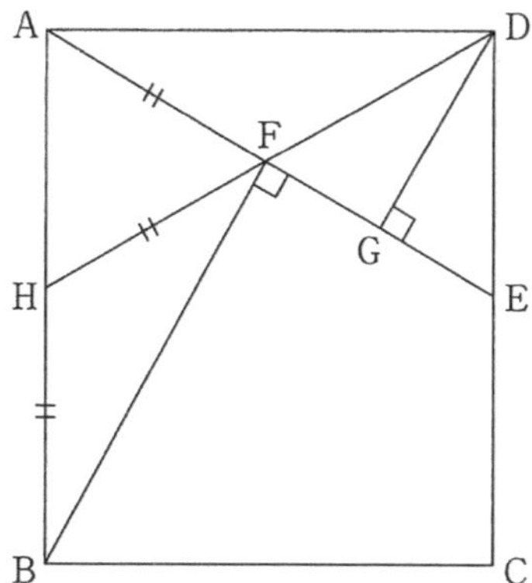

(1) ∠AFHの大きさを求めなさい。

(2) AG：AEを最も簡単な整数の比で表しなさい。

5

(1)	(2)	(3)	(4)	(5)

※

6

問 1			
問 2			
問 3			
問 4	( ) at the restaurant.		
問 5	(a)	(b)	(c)

※
※
※
※
※

7

※

2022 普通　英語

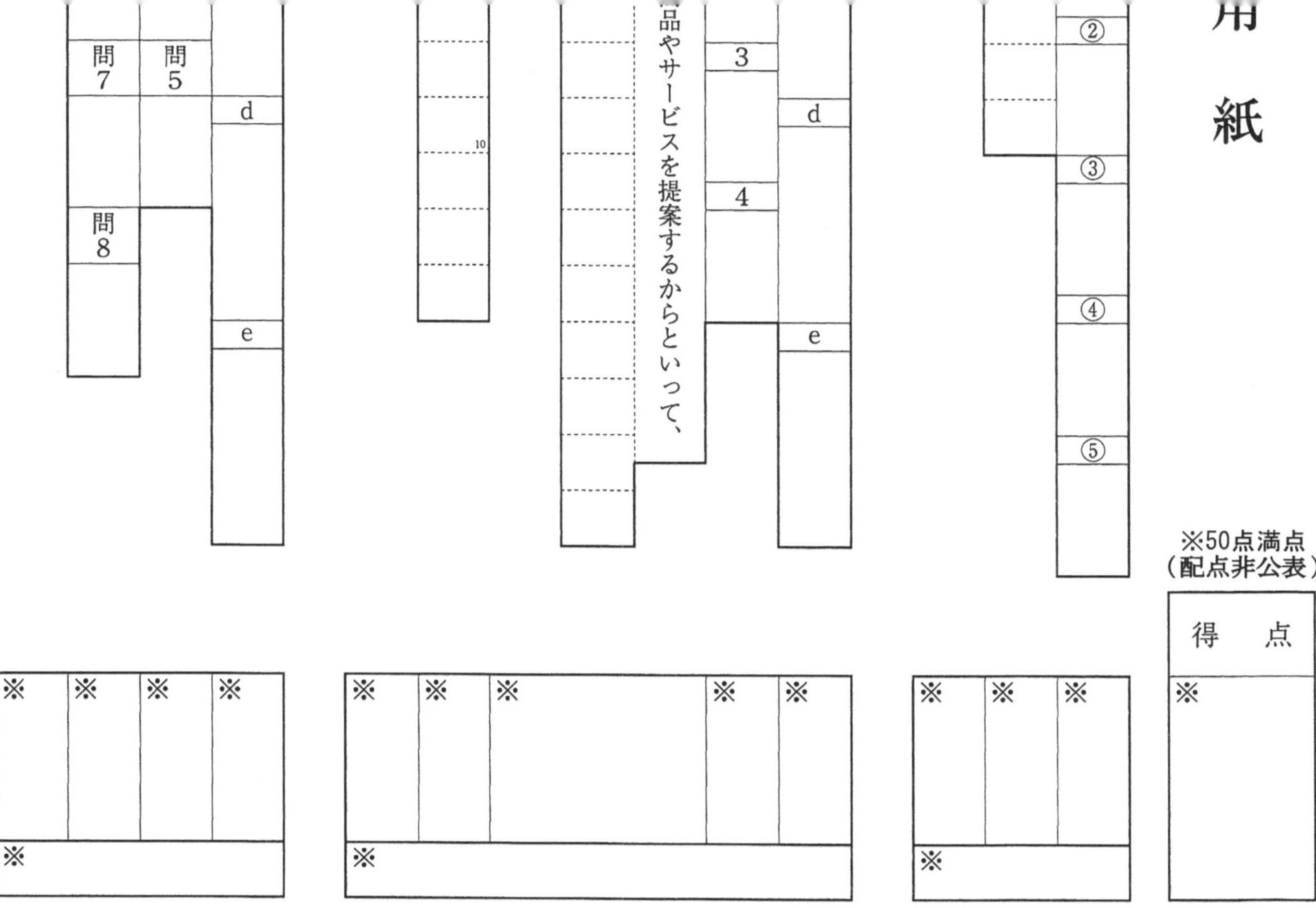

2022 普通　国語

※50点満点
（配点非公表）

受験番号	

得　　点	※

	(4)	$a =$	※
	(7)		
点	(10)	度	
歳			※
	(3)		※

数 学 解 答 用 紙

<table>
<tr><td rowspan="3">1</td><td>(1)</td><td></td><td>(2)</td><td></td></tr>
<tr><td>(5)</td><td>$y =$</td><td>(6)</td><td>$a =$</td></tr>
<tr><td>(8)</td><td>$x =$</td><td>(9)</td><td></td></tr>
<tr><td>2</td><td>(1)</td><td colspan="3">{</td></tr>
<tr><td>3</td><td>(1)</td><td></td><td>(2)</td><td></td></tr>
<tr><td>4</td><td>(1)</td><td>$a =$</td><td>(2)</td><td>$y =$</td></tr>
<tr><td>5</td><td>(1)</td><td>度</td><td>(2)</td><td></td></tr>
</table>

国語解答

受験番号

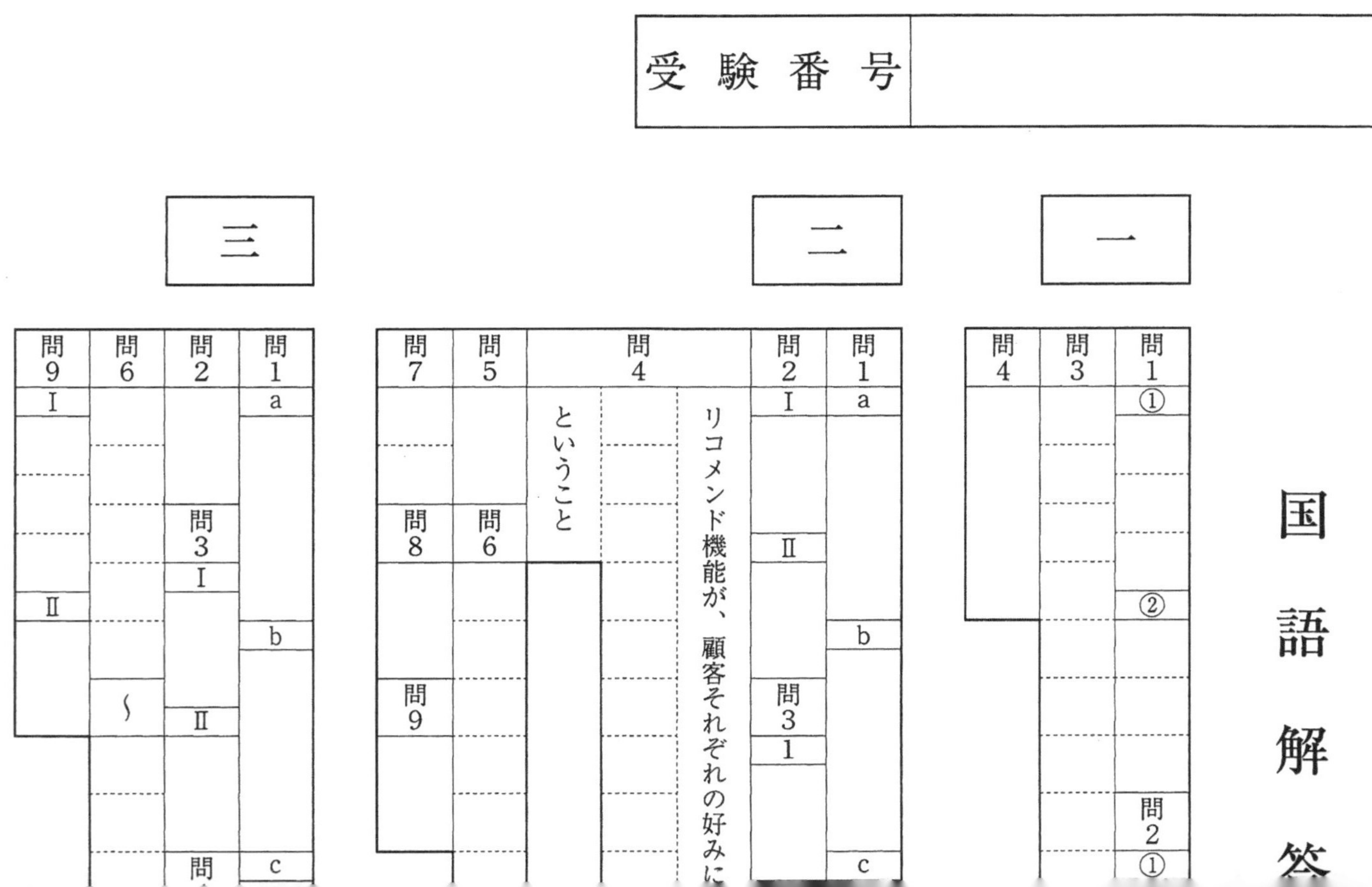

【解答用

英　語　解　答　用　紙

※50点満点
（配点非公表）

受験番号	

得　点	※

1

	1番	2番		1番	2番	3番		1番	2番	3番	
問1			問2				問3				※

2

(1)	(2)	(3)	
			※

3

	3番目	5番目		3番目	5番目		3番目	5番目	
(1)			(2)			(3)			※

4

(1)		※

【解答

前　期

令和４年度特別進学科入学試験問題

（第１限）

英　　語

（50分）

龍谷高等学校

（注　　意）

1　「始め」の合図があるまで開いてはいけません。
2　問題は全部で６題あり，11ページまでです。
3　「始め」の合図があったら，まず解答用紙に受験番号を書きなさい。
4　すぐに「放送による聞き取りテスト」があります。放送の指示に従って答えなさい。「聞き取りテスト」が終わったら，次の問題へうつりなさい。
5　答えは，すべて解答用紙に書きなさい。
6　解答用紙の※印のところは記入しないでください。
7　印刷がはっきりしないでわからないときは，黙って手を挙げなさい。
8　「やめ」の合図で，すぐに鉛筆を置きなさい。

※音声と放送原稿非公表

1 「放送による聞き取りテスト」を行います。問題はそれぞれ２回ずつ放送します。放送中にメモをとってもかまいません。

問１　英語の質問を聞き、図が示す内容に合う答えを選ぶ問題です。質問に対する答えとして最も適当なものを、ア～エの中から１つ選び、記号を書きなさい。

１番

March

SUN	MON	TUE	WED	THU	FRI	SAT
10	11	12	13	14	15	16
17	18	19	20	21	22	23

Sunny	Cloudy	Rainy

ア　晴れ　　　　　イ　雨のちくもり
ウ　くもり　　　　エ　くもりのち晴れ

２番

ア　John and Margaret.　　イ　Lisa and Lucy.
ウ　Judy and Harry.　　エ　Louis and Jane.

問２　イラストの内容に合う英文を選ぶ問題です。それぞれのイラストの説明として読まれる英文のうち最も適当なものを、ア～ウの中から１つ選び、記号を書きなさい。

１番

School timetable　　Name: Kim

	Monday	Tuesday	Wednesday	Thursday	Friday
9:00~10:30	ENGLISH	MATH	HISTORY	ENGLISH	SCIENCE
Break					
11:00~12:30	MATH	IT	SCIENCE	MATH	ENGLISH
Lunch time					
1:30~3:00	HISTORY	MUSIC	P.E.	ART	ART
After school	FOOTBALL		PIANO		SWIMMING

２番

3番

問3　グリーン先生がカナダでホームステイをすることになっている高校生に話をします。話のあとに続けて読まれる3つの質問に対する答えとして最も適当なものを、ア～エの中から1つ選び、記号を書きなさい。

1番　ア　She thinks students can visit a lot of famous places during a homestay.
　　イ　She thinks a homestay is cheaper than staying at a hotel.
　　ウ　She thinks a homestay is the best way to study Japanese.
　　エ　She thinks students can learn a lot during a homestay.

2番　ア　Because they will be able to find a job in Canada by learning about it.
　　イ　Because their host family is looking forward to talking with them about it.
　　ウ　Because learning about it is necessary to make friends with Canadian students.
　　エ　Because they have to win the speech contest in high school.

3番　ア　To try to be a member of your host family.
　　イ　To talk with your host family only in English.
　　ウ　To invite your host family to Japan.
　　エ　To be careful about going outside at night.

※これで「放送による聞き取りテスト」を終わります。次の問題にうつりなさい。

2　次の（1）～（4）の日本語に合うように〔　　〕内の語を適切に並べかえ、4番目と7番目にくる記号をそれぞれ答えなさい。文頭にくる語も小文字にしています。また、正確な英文を作るのに不要な語が1つずつ含まれているので、その記号も答えなさい。

（1）　あの長い髪の女の子はいつも寂しそうだ。

〔ア always / イ girl / ウ hair / エ is / オ long / カ looks / キ with / ク that〕 lonely.

（2）　これは私たちの先生が書いた本です。

〔ア book / イ by / ウ this / エ wrote / オ teacher / カ our / キ the / ク written / ケ is〕.

（3）　こんなに寒い冬は初めてです。

〔ア a / イ such / ウ first / エ winter / オ have / カ we / キ like / ク never / ケ cold / コ had〕this.

（4）　彼は試験に合格するために1日何時間勉強したのですか。

〔ア a / イ hours / ウ he / エ how / オ study / カ pass / キ many / ク for / ケ did / コ to / サ day〕the examination?

3 Read the online restaurant review of an all organic / vegetarian local food restaurant.

Home | Contact Us | Write a Review　　search

PLANT CAFÉ　★★★☆☆

My husband and I went to PLANT CAFÉ for dinner last night. We had too much meat in our diet, so we wanted to try a vegetarian place. Everything on the menu sounded good. We chose these four things and shared them.

Kale Salad : The salad had too many nuts in it, but I loved the dressing. It was very light. My husband thought it was too salty.

Butternut Squash Ravioli : This was OK, but not great. It had too much sauce and too little cheese for us. And we wanted this ravioli to be a little hotter.

Plant Burger : This was our favorite dish. The flavor was amazing! The "burger" was made of beans, grains, nuts, and vegetables. The sauces were perfect.

Banana Ice-cream : We liked this. It wasn't too sweet. They used soy milk instead of milk. So, it's good for vegans, too.

Service : There isn't much service. You get in line and order at the counter, and they bring the food to you. It didn't take too long for the food to arrive.

Price : It wasn't too expensive.

In general, we liked PLANT CAFÉ. We will be back.

Choose the four true sentences, and answer them with numbers.

1 The writer and her husband didn't usually eat meat.
2 The writer and her husband ordered five dishes each.
3 The writer and her husband went to a vegetarian restaurant for dinner.
4 The writer's husband liked the taste of the "Kale Salad" dressing.
5 The writer loved the "Butternut Squash Ravioli" but her husband didn't like it.
6 Both the writer and her husband liked the "Plant Burger" very much.
7 The writer thought the "Banana Ice-cream" is good for vegans as well as vegetarians.
8 The writer and her husband had to wait a long time for their food.
9 The food costs a lot at this restaurant.
10 The writer and her husband will visit this restaurant because they liked it.

4 次の英文を読んで、あとの問いに答えなさい。

Sometimes we make small talk with people we already know but not well. Often we have to make small talk with complete *strangers. Many people find these small conversations about *random topics difficult. Some people say they hate it. Others say small talk is a waste of time. They may even call it (1) <u>idle chitchat or idle chatter</u>, meaning it doesn't do anything. They consider small talk not important. However, small talk is important. These exchanges can open doors that may lead to larger, more meaningful conversations.

(2) <u>When you first meet someone or talk to someone you don't know well</u>, it would be *awkward to begin a conversation about a really deep topic such as war, politics or the meaning of life. Small talk also gives you the chance to decide if you want to know that person better — or not. You make small talk with someone at a party. But they only want to talk about cats. You may not want to build a friendship with them *unless you really, really love cats. Small talk can also increase your feeling of understanding, or *empathy, toward people you know but not well. Small talk with a colleague about their child may help you to understand more of their life outside the office. This can help build healthy work relationships.

(3) <u>Small talk can even help our larger communities — our relationships with neighbors and colleagues</u>. Exchanging a recipe with a neighbor in your apartment building may make her noises upstairs easier to live with. And small talk may make us happier! In 2011, most train *commuters in the city of Chicago said they would enjoy "(4) train" because they sat alone and did not talk to anybody in trains. Researchers at the University of Chicago then (5) some *participants in a study to take a train and talk to people while *commuting. They found that people who made small talk with strangers were happier than people who sat alone in the train. In 2013, researchers from the University of Essex in Britain asked some people to make small talk in a similar study. They found people who talked briefly with a cashier in a coffee shop felt happier than those who simply went in, (6) and left. Making small talk is not either awkward or boring.

* strangers　知らない人	* random topics　思いついた話題	* awkward　気まずい
* unless　もし～でないなら	* empathy　共感	* commuters　通勤者
* participants　参加者	* commuting　通勤している	

問1　下線部(1)はどういう意味か。最も当てはまるものを次のア～エの中から1つ選び、記号で答えなさい。

ア　大人数でのおしゃべり

イ　短時間のおしゃべり

ウ　大声でのおしゃべり

エ　役に立たないおしゃべり

問2　下線部(2)を日本語に直しなさい。

問3　下線部(3)の具体的な例を表にまとめたとき、空欄に入る日本語を答えなさい。

○同僚に対する具体例	同僚と（　1　）をすれば、(　2　）をもっとよく知るようになり、職場での人間関係も良くなる。
○隣人に対する具体例	マンションで上の階の人とレシピの交換をしていれば、その人の騒音も簡単に許すかもしれない。

問4　本文が自然な流れになるように空所(4)～(6)に入る最も適当なものをア～エの中から1つ選び、記号で答えなさい。

(4)	ア　colorful	イ　easy	ウ　quiet	エ　useful
(5)	ア　asked	イ　enjoyed	ウ　worked	エ　wished
(6)	ア　made	イ　ordered	ウ　ran	エ　liked

問5　この英文のタイトルとして最もふさわしいものを次のア～エの中から1つ選び、記号で答えなさい。

ア　Small talk is to talk with complete strangers

イ　Small talk is not so important

ウ　Small talk may make us happier

エ　Small talk will make conversation difficult

5 次の英文を読んで、あとの問いに答えなさい。

When we go shopping at a supermarket, we often buy more than we need. But it may not be our fault — supermarkets are controlling the way we shop. In fact, the whole experience of shopping for food is planned and *arranged for us. Every *detail of a supermarket has a *purpose. The way the *aisles are organized, the music, the lighting, the *product advertising — all these things make us stay longer and spend more.

From the moment we enter, a supermarket's floor plan controls the way we experience the store. There is usually only one way in and one way out, so we have to start and stop at particular places. Fruit and vegetables and the bakery are usually near the entrance. Fresh products and the smell of bread baking can make a store seem fresh and *attractive. This puts us in a good mood and makes us hungry, so we take our time and buy more food.

In addition, we often have to walk through the whole supermarket to find what we need. For example, common items that most people shop for — like milk and eggs — are usually at the back of the store. Popular items are often placed in the middle of aisles, so we have to walk through the aisles to get what we want. Supermarkets also put expensive food at eye-level where they are easy to reach. Cheaper items are placed on lower *shelves, so we have to bend down to get them. Cash registers are usually at the exit, so we have to walk through the entire store before getting to the payment area. All of these *strategies make us see more food and spend more money.

Supermarkets use other techniques to control our shopping experience, too. For example, they play music to *affect how we shop. In a study of shopping habits in a New York City supermarket, researchers found that slow music in a store makes us shop more slowly. In fact, when supermarkets play slow music, not fast music, shoppers spend about 38 percent more. Additionally, most *grocery stores don't have any clocks or windows. We can't look outside or see what time it is while we shop. That way, we don't know how long we've been shopping.

So what can you do to avoid buying more than you need? First, make a list and don't buy anything that isn't on it. If you don't trust yourself to do this, bring only enough cash to buy what you need. Second, don't shop too often. Plan several days of meals and shop for food only once or twice a week. Lastly, don't shop when you're hungry. That's when everything in the store looks delicious!

* arranged 用意されている　* detail 細かい点　* purpose 目的
* aisles 通路　* product advertising 商品広告　* attractive 魅力的な
* shelves shelf(棚)の複数形　* strategies 戦略　* affect 影響する
* grocery stores 食料品店

2022 特進　英語
2022(R4) 龍谷高　特別進学科
K 教英出版

問１　下記のスーパーマーケットの見取り図①～⑤で売られている商品をＡ群（ａ）～（ｅ）の中から選び、記号で答えなさい。その理由を下のＢ群（ア）～（オ）より選び、記号で答えなさい。

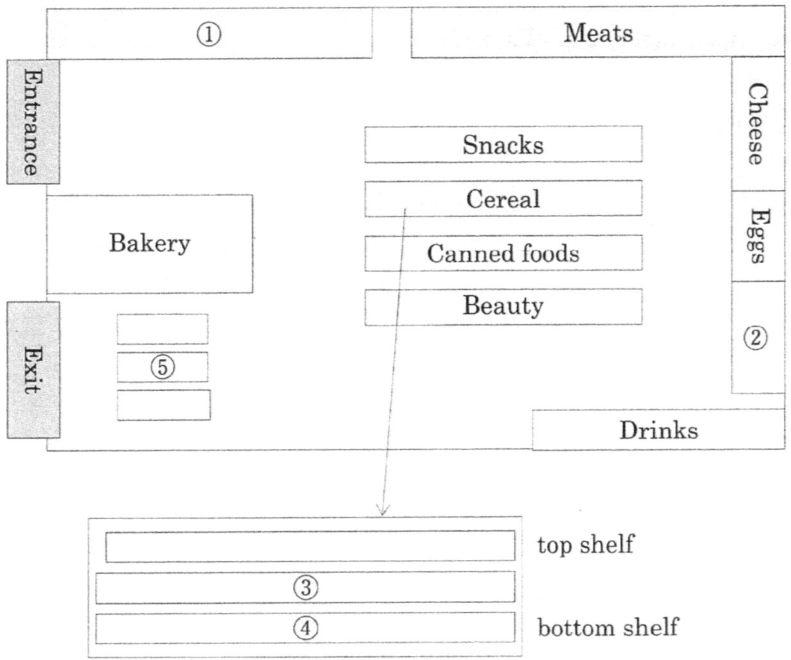

Ａ群

（ａ）　milk	（ｂ）　fruit and vegetables	（ｃ）　expensive cereal
（ｄ）　cash registers	（ｅ）　cheap cereal	

Ｂ群

（ア）　to make the store front attractive
（イ）　to make it easier to see and reach
（ウ）　to make it more difficult to reach
（エ）　to make customers walk to the back of the store
（オ）　to make customers walk through the entire store

問２　長い時間お客さんに滞在してもらうために、スーパーマーケットや食料品店が工夫していることを２つ、日本語で答えなさい。

問３　What should you do to avoid buying more than you need? Answer three points in Japanese.

6　次の会話文の（　　）に入る適切な英文を答えなさい。ただし4語以上の英語を用いること。

A：Next week is my mother's birthday. But I don't know what I should give her.
B：You don't have to buy a present.
　 For example, you can (　　　　　　　　　　　　　　　　).
A：That's a good idea!

前期

令和４年度特別進学科入学試験問題

（第２限）

国　語

（50分）

（注　意）

1 「始め」の合図があるまで開いてはいけません。

2 問題は全部で３題あり、12ページまでです。

3 「始め」の合図があったら、まず解答用紙に受験番号を書きなさい。

4 答えは、すべて解答用紙に書きなさい。

5 解答用紙の※印のところは記入しないでください。

6 印刷がはっきりしないでわからないときは、黙って手を挙げなさい。

7 「やめ」の合図で、すぐに鉛筆を置きなさい。

一

次の文章を読んで、あとの問いに答えなさい。（設問の都合上、本文の一部を中略している）

お詫び
著作権上の都合により、文章は掲載しておりません。
ご不便をおかけし、誠に申し訳ございません。
教英出版

お詫び

著作権上の都合により、文章は掲載しておりません。
ご不便をおかけし、誠に申し訳ございません。

教英出版

お詫び
著作権上の都合により、文章は掲載しておりません。
ご不便をおかけし、誠に申し訳ございません。
教英出版

（志水　速雄『日本人は変わったか』より）

※　福祉国家……一般的に国民の生活の保障と福祉の増大とを図ることを目的とした国家体制
※　画一……一様に整えそろえること
※　一義的……一つの意義しかないこと
※　カルリクレス……ギリシャ時代の政治家

問1　――線部a～eのカタカナは漢字に直し、漢字は読みをひらがなで書きなさい。

問2　――線部①「今日の家族を崩壊させなければならない」について、次のⅠ、Ⅱの問いに答えなさい。

Ⅰ　「今日の家族を崩壊させなければならない」理由として最も適当なものを、次のア～エの中から選び、記号を書きなさい。

ア　家族を存続させると福祉国家においても血縁による不平等が生じ、他人を家族とみなすという福祉国家の理念が実現しないから。

イ　福祉国家では、これまで家族が担ってきた働きを国家が請け負うのだが、このことは同時に家族という枠組みをも奪うことにもなるから。

ウ　福祉国家では、すべての人間を平等に扱うということが大前提であるのに、家族があるためにその考えが人々の間に浸透していないから。

エ　家族という狭い枠にとらわれると自分の家族のことばかり考え、国家という大きな視野に立って福祉が実現できなくなってしまうから。

Ⅱ　家族の崩壊の結果、失われるものは何か。――線部①以降から二つ、それぞれ十字以上二十字以内で抜き出して、書きなさい。

問3　――線部②「人間は家族の中に生まれるのではなく、直接社会の中に生まれる」とあるが、具体的にはどうなることか。その内容を説明したものとして最も適当なものを、次のア～エの中から選び、記号を書きなさい。

ア　個性的文化に接する機会が失われ、均質の文化を持ち合わせることになる。

イ　行動様式の画一化にともなって、文化の継承が著しく容易なものになる。

ウ　文化と呼べる次元のものは、ほとんど習得できずに一生を終えることになる。

エ　閉鎖的な個別の文化の吸収ではなく、平等な文化体系を継承することになる。

問4　――線部③「いっそう問題は複雑になる」とあるが、問題を複雑にしている要因は何か。本文中の言葉を用いて十字以内で書きなさい。

問5　――線部④「よく生きる」とはどういう生き方か。四十字以内で書きなさい。

問6　――線部⑤「尊大にすぎる」の理由として最も適当なものを、次のア～エの中から選び、記号を書きなさい。

ア　肉体的欲望の充足ばかりに終始する現在の福祉政策は、豊かな現代の社会ではもう役目を終えたはずなのに、いまだに存在しているから。

イ　生命を超える価値の存在を認めながらも、いまだに福祉政策が生命を至高善としてそれ以外のものから目を背けようとしているから。

ウ　福祉国家は、実際には人間の生命すら満足に保証することはできないのに、人間に幸福を与えてくれるような印象を持たせるから。

エ　現在の福祉政策では、真の意味での幸福を人間に対して与えることはできないのに、それを実現するような錯覚を起こさせるから。

問7　――線部⑥「むしろ福祉の思想が、至高善としての生命をたたえている以上、生きがいを奪う可能性さえある」とあるが、このように筆者が考えている理由を、次のア～エの中から選び、記号を書きなさい。

ア　福祉の概念が欲望と種の無限性によって拡大していき、我々に生きがいまで与えてくれるような錯覚をおこしているから。

イ　生命こそ第一だと考える福祉の思想は、生命を超える価値を持つ生きがいを認めないばかりか逆にそれを見失わせてしまうから。

ウ　生命を至高善とする福祉国家の思想は、人々を肉体的な欲求の充足にのみ終始させ、他のものに生きがいを求める時間的余裕を与えないから。

エ　福祉は、大多数のものに受け入れられるような生きがいを与えることはできるが、少数のものに対しては見捨ててしまう傾向があるから。

問8　本文の主旨として最も適当なものを、次のア～エの中から選び、記号を書きなさい。

ア　人間の生命の尊厳を説き肉体的欲望を平等に満たしていこうとする福祉政策は、人間の幸福を確立するために必要不可欠なものであり、今以上に推進していくべきである。

イ　福祉国家の成立の根底をなしているものは家族制度であり、家族が崩壊しようとする現代社会においては、福祉政策よりもまず家族制度の見直しから始めていくべきである。

ウ　福祉国家の制度そのものを否定するわけではないが、それが人間の幸福をすべて保証するものではないから、福祉の内容を検証しその制度の受け持つ分野を確定していく必要がある。

エ　福祉とは人間の幸福というただ一つには定めることのできない広がりをもつものすべてを有し、人間生活を充足させるものであり、今後も拡充していかなければいけない。

二　次の文章を読んで、あとの問いに答えなさい。

「私（崎）」は約一年前に双子の兄を事故で亡くしている。その兄の妻、義姉には再婚の話が進んでいる。ある夜、その娘である十歳の姪「さき」が家出をしてきたために、「私」は「さき」を連れてカフェで食事をとらせている。

お詫び

著作権上の都合により、文章は掲載しておりません。

ご不便をおかけし、誠に申し訳ございません。

お詫び

著作権上の都合により、文章は掲載しておりません。
ご不便をおかけし、誠に申し訳ございません。

お詫び
著作権上の都合により、文章は掲載しておりません。
ご不便をおかけし、誠に申し訳ございません。

（よしもとばなな　『さきちゃんたちの夜』より）

問1　――線部a～eのカタカナは漢字に直し、漢字は読みをひらがなで書きなさい。

問2　――線部①「大人になったら、そういう小さな楽しみが大きな悩みを消してくれるの?」とあるが、このときの「さき」について説明したものとして最も適当なものを、次のア～エの中から選び、記号を書きなさい。

ア　母が再婚して生活が一変してしまうかもしれないという大きな問題による不安が、娯楽に興じることで解消されるとはとても思われず、それが本当に可能なことであるのか確認しようとしている。

イ　母が再婚して生活が一変してしまうかもしれないという大きな問題に悩む自身に対して、楽しいことをして忘れようという軽いアドバイスをする「私」のことが信じられず、「私」を試そうとしている。

ウ　母が再婚して生活が一変してしまうかもしれないという大きな問題に直面しているのにも関わらず、その最中に楽しく過ごそうという無理をいう「私」に反感を覚え、皮肉を述べている。

エ　母が再婚して生活が一変してしまうかもしれないという大きな問題を抱える自分に対して、無茶なアドバイスをする「私」の話に興味を覚え、純粋な好奇心から質問をしている。

問3　――線部②「あの独特の気持ち」の内容を言い表した部分を本文中から四十字以内で抜き出して、初めと終わりの五字を書きなさい。

問4　X にあてはまる漢字一字を書きなさい。

問5　――線部③「自分の持っている宝はごみくずに思える」とあるが、ここでいう「宝」とは「義姉」にとっては何がそれにあたると「私」は考えているか。簡潔に書きなさい。

問6　――線部④「でも、私の中のなにかが、それをよしとしていた」とあるが、このときの「私」を説明したものとして最も適当なものを、次のア～エの中から選び、記号を書きなさい。

ア　一人でいるということに心地よささえ感じていた「私」であったが、さきを支えることによって「私」の中に大きな力が湧いているというこの状況に、自身の変化を感じ取り、それを受け入れようとしている。

イ　一人でいることに喜びさえ感じていた「私」であったが、さきと互いに温かさを感じあうことで力を与えられているというこの状況に、心の奥底にあった淋しさが癒され、さきとの関係を好ましく思っている。

ウ　一人でいることにある種の幸福さえ感じていた「私」であったが、暗く重たい多くの問題を抱えるこの世界において、か弱い存在であるさきを守っているというこの状況に、強い充足感を覚えている。

エ　一人の生活を好み、さきと共にいることを面倒に思っていた「私」であったが、母である義姉から十分な愛情を注いでもらえていないというさきの状況を知り、今自身がさきを救っていることに満足している。

問7　――線部Ⅰ～Ⅳの表現に関する説明をした次のア～エについて、適当なものには「○」を、適当でないものには「×」を書きなさい。

ア　Ⅰの表現は、強調的表現や比喩表現により、「私」がさきから受けた印象の強さを表している。

イ　Ⅱの表現は、さきの子どもらしさや若さゆえの活発さを巧みに描写している。

ウ　Ⅲの表現は、「私」が義姉に対して距離感を抱いていることを暗に示している。

エ　Ⅳの表現は、二人の組み合わせが世界において非力な存在であることを強調している。

三　次の文章を読んで、あとの問いに答えなさい。

孝道入道、仁和寺の家にて或る人と双六（すごろく）をうちけるを、隣にある越前房といふ僧きたりて見所す[※]とて、さまざまのさかしらをしける[※]を、[X]と思ひけれども、物もいはでうちゐたりけるに（a）、この僧、さかしらしさして立ちぬ。「かへりぬ」と思ひて、亭主[※]、①「この越前房はよきほどのものかな」といひたりける（b）に、かの僧いまだかへらで、亭主のうしろに立ちたりけり。②かたき、また③物いはせじとて、亭主のひざを突きたりければ、うしろへ見むきて見れば、この僧いまだありけり。この時とりもあへず、「越前房はたかくもなし。ひきくもなし。よきほどのものな」といひ直したりける、④心はやさいとをかしかりけり。

（『古今著聞集』より）

※　見所す……観戦する
※　さかしらをしける……口出しをしてくる
※　亭主……孝道入道

問1　――線部a「うちゐたり」、b「いひたり」を現代仮名遣いで書きなさい。

問2　――線部③「物いはせじ」の本文中での意味として最も適当なものを、次のア～エの中から選び、記号を書きなさい。

「物いはせじ」
ア　何も言わせないよう
イ　何も言いたくない
ウ　何か言ってくるだろう
エ　何か言うべきだ

問3　[X]に入る言葉として最も適当なものを、次のア～エの中から選び、記号を書きなさい。

ア　うれしうれし　　イ　かなしかなし　　ウ　にくしにくし　　エ　くるしくるし

問4 ――線部①「この越前房はよきほどのものかな」とあるが、この発言の真意を説明したものとして、最も適当なものを次のア～エの中から選び、記号を書きなさい。

ア 越前房が双六の勝敗を見ずに黙って帰ってしまったため、失礼な人であると批判している。
イ 双六をうつそばから越前房が首をつっこんでくるため、うるさい人であると思っている。
ウ 双六が苦手な自分のために越前房が助言をしてくれたため、親切な人であると感謝している。
エ 越前房が双六を盛り上げようとしてくれていたため、気遣いのできる人であると讃えている。

問5 ――線部②「かたき」とは誰のことか。最も適当なものを、次のア～エの中から選び、記号を書きなさい。

ア 孝道　　イ 越前房　　ウ 或る人　　エ 筆者

問6 ――線部④「いとをかしかりけり」とは、孝道のどのような言動に対して述べているか。その説明として最も適当なものを、次のア～エの中から選び、記号を書きなさい。

ア 帰ったと思っていた越前房が自分の後ろに立っていたため、とっさに越前房の背丈の高さがちょうど良いと言い直したこと。
イ 帰ったと思っていた越前房が急に戻ってきたため、身分の高さを鼻に掛けない越前房の態度が素晴らしいと言ったこと。
ウ 越前房が自分の後ろに立っていることに気がついたため、越前房は双六の腕前が非常に良いと称賛したこと。
エ 越前房が自分の後ろに立っていたことに気がついたが、越前房は口出しが多く、やっかいな人であると言ったこと。

前期

令和4年度特別進学科入学試験問題

（第3限）

数学

（50分）

（注意）

1 「始め」の合図があるまで開いてはいけません。

2 問題は全部で5題あり，3ページまでです。

3 「始め」の合図があったら，まず解答用紙に受験番号を書きなさい。

4 答えは，すべて解答用紙に書きなさい。

5 解答用紙の※印のところは記入しないでください。

6 印刷がはっきりしないでわからないときは，黙って手を挙げなさい。

7 「やめ」の合図で，すぐに鉛筆を置きなさい。

1 次の(1)～(10)の各問いに答えなさい。

(1) $-\frac{1}{4}-\left(-\frac{1}{3}\right)^2\times\left(-\frac{3}{4}\right)+\frac{5}{6}$ を計算しなさい。

(2) $\frac{x+2y}{15}-\frac{2x-6y}{5}$ を計算しなさい。

(3) $\sqrt{125}+\frac{5+\sqrt{15}}{\sqrt{5}}-\frac{\sqrt{27}}{3}$ を計算しなさい。

(4) $xy-y+x-1$ を因数分解しなさい。

(5) 方程式 $(x-2)(x+3)=2(x^2-3)$ を解きなさい。

(6) 関数 $y=ax^2$ で，x の変域が $-3\leqq x\leqq 4$ のとき，y の変域が $-4\leqq y\leqq 0$ である。このとき，a の値を求めなさい。

(7) ある棒の長さを測り，その小数第3位を四捨五入した近似値が，3.51 m になった。この棒の長さの真の値を a m とするとき，a の値の範囲を不等号を使って表しなさい。

(8) 右の表は，R 中学校の男子生徒 200 名について握力を調べ，その相対度数をまとめた表である。握力が 40 kg 以上の生徒は何人になるか求めなさい。

握力（kg）	相対度数
以上 未満 20 ～25	0.14
25 ～30	0.24
30 ～35	0.29
35 ～40	0.21
40 ～45	0.08
45 ～50	0.03
50 ～55	0.01
計	1.00

(9) 右の図のように線分 AB を直径とする円周上に BC = BD となるように点C，D をとり，直線 CB 上に EB = ED となるように点E をとる。∠BED = 52° のとき，∠ACD の大きさを求めなさい。

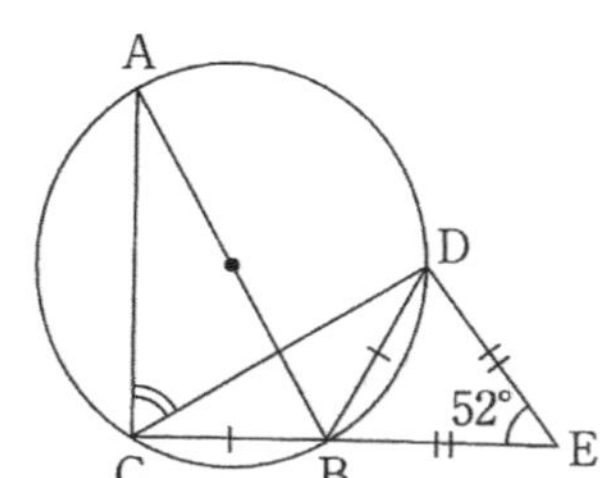

(10) 右の図のような長方形 ABCD がある。辺 CD の中点を E，線分 AE と線分 BD の交点を F とする。三角形 DEF の面積を S とするとき，四角形 BCEF の面積を S を使って表しなさい。

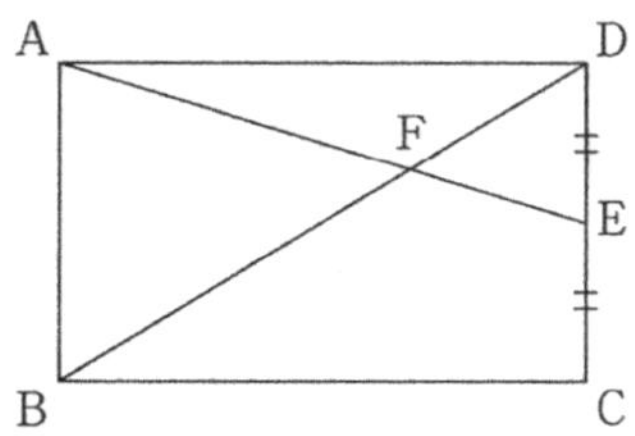

2 ある店では商品Aを1日最大40個仕入れている。30個までは1個100円で仕入れているが，30個から1個増えるごとに，すべての商品の仕入れ値が1個あたり2円ずつ安くなる。このとき，次の(1)～(3)の各問いに答えなさい。

(1) 商品Aを33個仕入れたときの仕入れの総額はいくらになるか求めなさい。

(2) 仕入れた個数を30個からx個増やしたときの仕入れの総額をxを用いて表しなさい。

(3) 仕入れの総額が3,150円であった。このとき，商品Aを全部で何個仕入れたか求めなさい。

3 4つの数字1，2，3，4をすべて並べてできる4けたの整数を1つずつ書いたカードがある。ただし，カードの大きさや形は同じで区別はつかないものとする。このとき，次の(1)～(3)の各問いに答えなさい。

(1) カードは全部で何枚あるか求めなさい。

(2) すべてのカードを小さい順に並べたとき，3241と書かれたカードは小さい方から何番目になるか求めなさい。

(3) すべてのカードを何も入っていない箱の中に入れ，かき混ぜた後に1枚取り出す。そのカードが4の倍数である確率を求めなさい。

4 下の図のように，関数 $y=x^2$ のグラフと傾きが $\frac{1}{2}$ の直線 ℓ が2点A，Bで交わっている。また，直線 ℓ が y 軸と交わる点をCとする。AC：CB＝1：2のとき，次の(1)～(3)の各問いに答えなさい。

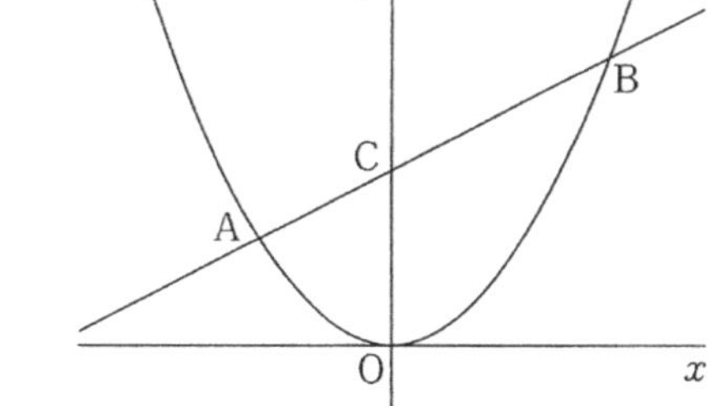

(1) 点Aの x 座標を $-t$ とするとき，点Bの座標を t を用いて表しなさい。

(2) 点Bの座標を求めなさい。

(3) 関数 $y=x^2$ のグラフ上の原点Oと点Bの間に，△OAB＝△DABとなる点Dをとる。点Dの座標を求めなさい。

5 下の図のように，AB＝6 cm，AC＝8 cm，∠BAC＝90°の直角三角形ABCがある。直角三角形ABCの3つの頂点A，B，Cを通る円があり，∠BACの二等分線と辺BCとの交点をD，円との交点のうち点Aでない方をEとする。点B，Cから線分AEに垂直な線を引き，交点をそれぞれF，Gとする。AD：DE＝24：25のとき，次の(1)～(3)の各問いに答えなさい。

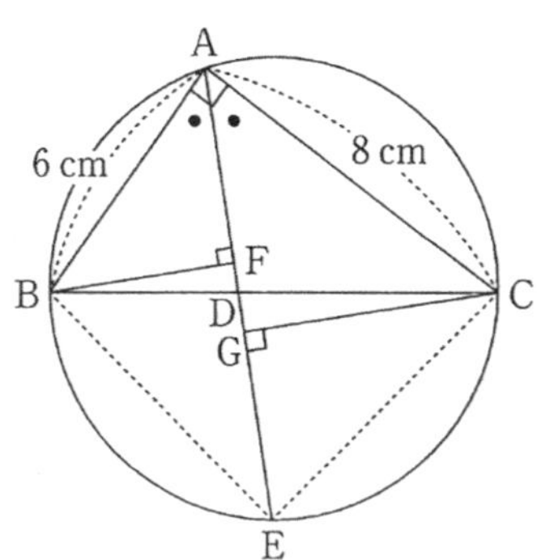

(1) △BCEの面積を求めなさい。

(2) BEの長さを求めなさい。

(3) AF：FG：GEを最も簡単な整数の比で表しなさい。

	(4)	(5)	(6)	※
問 4				
問 5				※

5

		A群	B群		A群	B群		A群	B群	
問 1	①			②			③			
		A群	B群		A群	B群				
	④			⑤						※

問 2	・
	・ ※
問 3	・
	・
	・ ※

6

For example, you can (　　　　　　　　　　　　　　　　). ※

2022 特進　英語

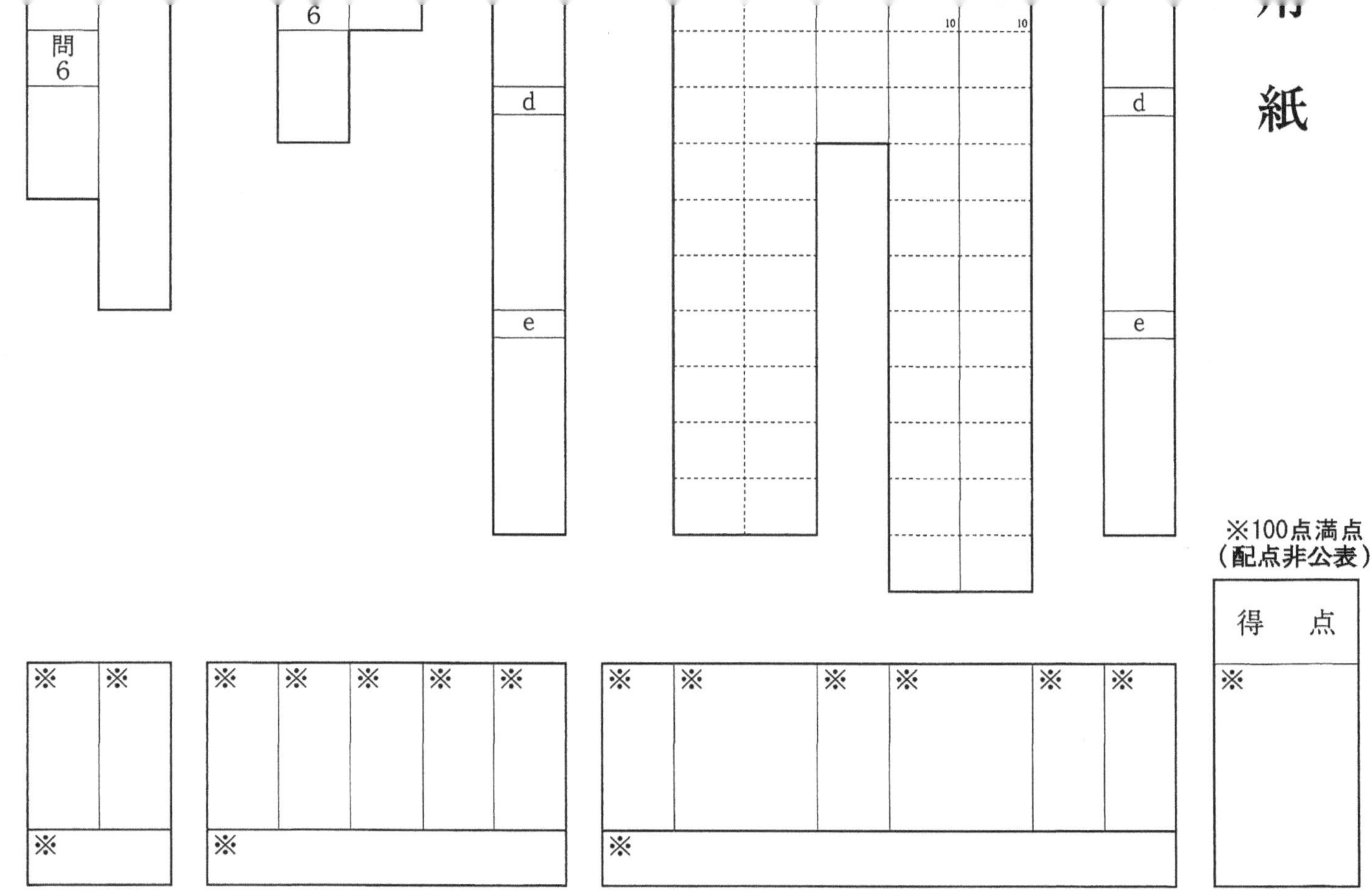

2022 特進　国語

※100点満点
（配点非公表）

受験番号			得　点	※

			※
	(4)		
	(7)		
度	(10)		
円	(3)	個	※
番目	(3)		
)	(3)	D (　　　,　　　)	※
cm	(3)	:　　:	

英　語　解　答　用　紙

※100点満点
（配点非公表）

受験番号	

得　点	※

1

	1番	2番		1番	2番	3番		1番	2番	3番
問1			問2				問3			

※

2

	4番目	7番目	不要な記号		4番目	7番目	不要な記号
(1)				(2)			
	4番目	7番目	不要な記号		4番目	7番目	不要な記号
(3)				(4)			

※

3

※

4

問1	
問2	

※

※

国語解答

受験番号

一

問1 a b c

問2 Ⅰ Ⅱ ・ ・

問3

問4

問5

問6

問7

問8

二

問1 a b c

問2

問3 ～

問4

問5

問7 ア イ ウ エ

三

問1 a b

問2

問3

問4

【解答

数学解答用紙

1	(1)		(2)		(3)	
	(5)	$x =$	(6)	$a =$		
	(8)	人	(9)			
2	(1)	円	(2)			
3	(1)	枚	(2)			
4	(1)	B（　　，　　）	(2)	B（		
5	(1)	cm^2	(2)			

2022(R4) 龍谷高　普通科
K 教英出版